心一堂術數古籍珍本叢刊

書名：《地理辨正集註》附《六法金鎖秘》《巒頭指迷真詮》《作法雜綴》等（四）
系列：心一堂術數古籍珍本叢刊　第二輯　堪輿類　214
作者：【清】蔣大鴻　等原著　【清】尋緣居士　輯
主編、責任編輯：陳劍聰
心一堂術數古籍珍本叢刊編校小組：陳劍聰　素聞　鄒偉才　虛白盧主

出版：心一堂有限公司
通訊地址：香港九龍旺角彌敦道六一〇號荷李活商業中心十八樓〇五—〇六室
深港讀者服務中心·中國深圳市羅湖區立新路六號羅湖商業大厦負一層〇〇八室
電話號碼：(852)67150840
網址：publish.sunyata.cc
電郵：sunyatabook@gmail.com
網店：http://book.sunyata.cc
淘寶店地址：https://shop210782774.taobao.com
微店地址：https://weidian.com/s/1212826297
臉書：https://www.facebook.com/sunyatabook
讀者論壇：http://bbs.sunyata.cc/

版次：二零一八年九月初版
平裝：五冊不分售

定價：港幣　一千二百八十元正
　　　新台幣　四千九百八十元正

國際書號：ISBN 978-988-8266-54-8

香港發行：香港聯合書刊物流有限公司
地址：香港新界大埔汀麗路36號中華商務印刷大廈3樓
電話號碼：(852)2150-2100
傳真號碼：(852)2407-3062
電郵：info@suplogistics.com.hk

台灣發行：秀威資訊科技股份有限公司
地址：台灣台北市內湖區瑞光路七十六巷六十五號一樓
電話號碼：+886-2-2796-3638
傳真號碼：+886-2-2796-1377
網絡書店：www.bodbooks.com.tw
台灣國家書店讀者服務中心：
地址：台灣台北市中山區松江路二〇九號一樓
電話號碼：+886-2-2518-0207
傳真號碼：+886-2-2518-0778
網絡書店：http://www.govbooks.com.tw

中國大陸發行　零售：深圳心一堂文化傳播有限公司
深圳地址：深圳市羅湖區立新路六號羅湖商業大厦負一層〇〇八室
電話號碼：(86)0755-82224934

心一堂微店二維碼

心一堂淘寶店二維碼

地理小補

六法源流說

且自伏羲畫卦而地理以傳其見於經則相陰陽觀流泉公劉之所以遷豳也詠纏澗交華嵩周公之所以卜洛也自古地理之傳皆原於性理中出理之具於三才者惟一而已而以爲有天道人道之分者則以或生於形氣之私或原於性命之正故天莫不有是形則星辰轉運寒暑往來之氣莫不有是性人亦莫不有是形則日用倫常仁義禮智信之氣亦莫不有是性地承天而栽人亦莫不有是形則山峙川流草木榮落之氣亦莫

不有是性是以地理之理根於性理之理也余初亦不知地理之根於性理以爲地理之理在形勢心目之辨迨得授地理眞道而元空而金龍而雌雄而挨星而城門而太歲由上水底各有六法始知辨正一書楊曾所言蔣姜所註者與太極通書皇極經世等書相印是地理即性理也若舍性理之理而言地理之理則地理無稽以性理之理而言地理之理則地理有據今之地理家罔識性理之理將元空雌雄金龍挨星城門太歲各逞臆見謬語雜出皆敷陳蔣姜之說幾見從性理縫中透來者惑世誣民豈不痛哉茲特將所受之元空金龍

雖雄挨星城門太歲一理一法竭洩一二俾學者知正道有歸不至爲邪說所誘也自後讀辨正蔣姜之註不能得地理正道之門者觀此以得之觀此不能釋地理之疑者讀辨正蔣姜之註以釋之原此與辨正一書相表裏者也學者先尋得地理正大之門而後方步地理之法明地理之理通性理之理或先通性理之理而後明地理之理步地理之法總之不得明師指點從正道而入門雖聰明過人未免不爲左道所欺也余今掃開邪說指明正道之門誠恐今而後一法立一弊生亦須在學者見理之自明爾

元空章

元空者天地混然之氣也本於無形本於無物求其氣而其氣冥然無之本於有形本於有物求其體而其體秩然有之若有若無之間大而天地萬物小而萬物一物無不包羅於中而三大卦從元空而出根於太極兩儀四象八卦八卦成列以乾坤爲父母震巽坎離艮兌爲子息自乾坤定位父母之氣已老而退焉其代勞用事者長男長女配成風雷一卦八方鼓動萬物之生機萌蘖中男中女配成水火一卦八方升降陰陽之造化出焉少男少女配成山澤一卦八方流行寒暑之往來

通爲三卦配成各有六爻立體其中二五之精實乾坤父母之髓所凝結者當二五妙合以復乾坤本位而后陰陽交錯八體立焉此所以抽爻換象之秘也青囊經所謂八體宏布子母分施天地定位山澤通氣雷風相薄水火不相射也青囊序所謂晉世景純傳此術演經立義出元空又曰一生二兮二生三三生萬物是元關也其水火一卦得乾坤父母之中氣所生雖次於雷風而秉父母之權猶家主之董事焉可爲三卦中之父母也八方升降居天地正位雷風得乾坤父母之初氣所生雖長於水火而不得父母之權八方鼓動祇可爲水

火助焉故居水火之左山澤得乾坤父母之末氣所生祇可聽命於水火而亦爲水火助焉故居水火之右觀此則水火乃三卦中之父母雷風山澤又爲三卦中之子息而乾坤父母則又爲三卦之祖宗矣三卦立成八體本體則爲正神外體則爲零神正神爲父母零神爲子息而三卦又各自爲祖宗矣三卦有倫有序用者宜一卦清純不可混雜故長男不可配中女少女長女不能配中男少男假使長男長女之局而山水或錯入中男中女之局或錯入少男少女之局須看兩局相錯孰少孰多而後兩局並立以何局爲正或一局不錯而誤

作他局誤兼他局者能不背天地之造化亂倫序之尊卑長幼乎此元空三大卦之眞旨出於先天太極五行八卦所由來雖云三卦而後天八卦二十四山無不盡藏於中收山收水各有作法取用在得訣者明之青囊奧語所謂明元空祇在五行中知此法不須尋納甲也天玉經所謂二十四龍管三卦莫與時師話忽然知得便遇仙代代鼓駢闐又曰天地父母三般卦時師未曾話元空大卦神仙說本是此經訣不識宗支但亂傳開口莫胡言又曰卦內八卦不出位代代人尊貴又曰龍行出卦無官貴不用勞心力又曰要求父母三般卦出

卦家貧乏此皆再四叮囑三卦之不可混雜也都天寶照經所謂子午卯酉四山龍坐向乾坤艮巽宮辰戌丑未四山陂甲庚壬丙葬墳多寅申巳亥騎龍走乙辛丁癸水交流者此直剖三大卦八方之位次也又曰尋龍過氣葬三節父母宗支要分別孟山須要孟山連仲山須要仲山接干奇支耦細推詳節節照定何脈亘者此重言起星下卦之三卦宜清純一卦也學者得此眞旨而諸家所言元空之謬可不辨而自知矣

金龍章

金龍乃乾陽之氣也乾屬金而爲天純陽至健以龍名

之至變至化無形可見雖有元空三大卦而招攝之究
之金龍不動則陰陽不交招攝無益夫天地之生育萬
物者氣也氣以動爲陽以靜爲陰以動爲生以靜爲死
動則可用靜則不可用金龍者氣之動也假使金龍不
動雖有元空三大卦而招攝之焉有資始資生之功蓋
金龍一動陰陽虛實均剖虛則相交實則相見相交則
見於元空三卦一奇一耦兩兩配合相見則見於血脈
之外一山一水兩兩對待青囊序所謂先看金龍動不
動次看血脈認來龍龍分兩片陰陽取也然金龍之象
無形金龍之氣無著金龍無一定之形而確有一定之

方學者當求天玉經辰戌丑未叩金龍動得永不窮若還借庫富後貧自庫樂長春之處細心體會則江西一卦從來吉八神四個一江東一卦排龍位八神四個二南北八神共一卦之義皆可明矣所謂江西一卦者卦起於西戌之界也江東一卦者卦起於東辰之界也南北八神共一卦者卦起於南北未丑之界也雖從戌辰未丑之界亦根河圖之一二三四五六七八九來其中一六共宗二七同道三八爲朋四九爲友學者深悉其味無窮矣其所謂江西江東南北之名者天地四方之氣爲江水界之四方之氣有寒暖凝散厚薄之不同其

實皆乾坤父母一氣所化故江西江東南北之卦即父母祖宗之卦也所云尊神又云輔星皆是此卦莫錯認爲元空三卦靑囊序所謂乾坤艮巽號御街四大尊神在內排也都天寶照經所謂子癸午丁天元宮卯乙酉辛一路同若有山水一同到半穴乾坤艮巽宮取得輔星成五吉山中有此是眞龍又曰子午卯酉四山龍支兼干出盡豪雄乙辛丁癸單行脈半吉之時又半凶坐向乾坤艮巽位兼輔而成五吉龍也而天玉經所謂倒排父母蔭龍位山向同流水者原父母之卦與三卦不同彼卦要順者此卦要逆彼卦要逆者此卦要順須過

明師口訣余不敢干造物之忌焉然父母之卦乃金龍所動江西江東南北卦中統攝八方衰旺而陰陽消長之道山水配合之情又在元空三大卦中必金龍所動之卦與元空三卦配用則造化定矣故覘金龍動自何卦即知血脈出自何卦動自何卦者南北東西卦也出自何卦者元空三大卦也金龍之義無窮金龍之動不一要在高人妙用青囊奧語所謂認金龍一經一緯義不窮動不動直待高人施妙用也學者得此眞旨而諸家所言金龍之謬亦可不辨而自知矣

雌雄章

雌雄即陰陽也楊公義老不云陰陽而云雌雄者原陰陽交媾無形必藉雌雄交媾之情而顯其象也雌無雄不配雄無雌不耦雌雄配耦而生機方萌是善言陰陽者必言雌雄觀雌則不必更觀其雄而知必有雄以配之觀雄則不必更觀其雌而知必有雌以耦之雌靜物也亦柔物也雄動物也亦剛物也靜者氣之體柔者體之順動者氣之用剛者用之健一動一靜一剛一柔一體一用而雌雄之理盡矣是以有靜必有動有動必有靜有剛必有柔有柔必有剛有體必有用有用必有體者即有雌必有雄有雄必有雌也蔣公謂天地是大雌

雄一語道破而動靜剛柔體用之道顯然矣蓋天依氣
氣有陰陽對待之理大聖人以一奇一耦明之地賦形
形有尊卑闔闢之義大聖人以一山一水象之天與地
兩片也氣與形兩片虛實之分也天之氣與地之形兩
片日相交感而其情在無聲無臭間而莫可見也可見
者天之寒暑往來地之草木榮落而已天之氣陽動陰
靜無形可見也地之體水動山靜有形可見也無形者
虛其用有形者實其體也楊公養老看雌雄之法其妙
義在以無形求有形以有形測無形卽虛以含實實以
應虛用以符體體以合用之旨也故天之陰氣之用必

符地之陰質之體天之陽氣之用必符地之陽質之體地之陰質之體必合天之陰氣之用地之陽質之體必合天之陽氣之用此陰陽不可混形氣不可離卽雌雄不可錯也須得明師眞授元空大卦錯綜抽換及金龍動之之法方可言此否則如癡人說夢膠柱鼓瑟而已青囊奧語所謂雌與雄交會合元空雄與雌元空卦內推也葢元空卦原自先天八卦老長少中男女分配二五妙合錯綜抽換一奇一耦一陰一陽兩兩對待有顛倒有順逆其用諸地有尊卑有關闢包藏二十四山而一山一水亦無不盡束其內奧語又曰山與水須要明

此理水與山禍福盡相關也奧語又謂顛顛倒二十四山有珠寶倒倒顛二十四山有火坑也天玉經所謂地畫八卦誰能會山與水相對又曰關天關地定雌雄富貴此中逢翻天倒地對不同秘密在元空又曰識得陰陽兩路行富貴達京城不識陰陽兩路行萬丈火坑深也都天寶照經所謂都天大卦總陰陽玩水觀山有主張能知山情與水意配合方可論陰陽又曰主人有禮客尊重客在西兮主在東又曰世人只愛週廻好不知水亂山顛倒又曰陽若無陰定不成陰若無陽定不生陽水陰山相配合兒孫天府早登名也此皆指明雌雄

之義理學者能透此眞旨而諸家所論雌雄亦可不辨而自明矣

挨星章

挨星者天之星宿下臨於地地之山川上應於天者也天之星宿即天之陽氣所化其氣統於北極地之山川即地之陰氣所結其氣含於洛書北極七星爲中天之主帶左右輔弼而爲九星九星轉運九氣化行統裁一元之運終始勿極洛書九宮爲法地之儀數本十而虛中合爲九宮亦九宮轉運九氣化行統分三元之運循環無窮是以北極與洛書合配九星與九宮相齊自貪

至輔弼自一至八九有天地自然之造化陰陽自然之生成也況天之九星混凝於氣者則合爲五星地之九宮混凝於氣者則合爲五行五星五行合則一也所謂下臨於地上應於天者地有九體卽洛書九氣之所結成者也而九體卽寓天上九星之氣天有九重卽北極九星之氣所包含者也而九重卽含地下九氣之體天之氣地之體上下一氣交應無終始亦無休息八荒遍及無微不至所謂挨星者也世之論挨星者不考原由妄以九星造成各種歌訣起例而不知挨星之理在洛書九宮八卦之變化無窮挨星之法在洛書九宮八卦

之推演莫盡不過借九星爲之綱俾學者易於記取不致排錯耳卽有明其理明其法在洛書中求者或文曲之下抹煞廉貞或左輔之下抹煞右弼或以廉中寄宮或以一星入中宮求其九星排列廿四山者則諸書莫究竟非於挨星未曾夢見乎而各種挨星之謬上卷序已明之不復重辨茲將挨星漏洩一二爲學者指南焉挨星有挨山挨水兩法挨山者都天寶照經有辰戌丑未地元龍乾坤艮巽夫婦宗甲庚壬丙爲正向脈取貪狼護正龍寅申巳亥人元龍乙辛丁癸水來催更取貪狼成五吉寅坤申艮御門開巳丙宜向天門上亥壬向

得巽風吹此指貪狼爲首起例之一法天玉經有干維乾艮巽坤壬陽順星辰輪支辰坎震離兌癸陰卦逆行取分定陰陽歸兩路順逆推排去又曰甲庚丙壬俱屬陽順推五行詳乙辛丁癸俱屬陰逆推論五行陰陽順逆不同途須向此中求九星雙起雌雄異元關眞妙處此皆指順逆進退經位起例之一法又有一個排來千百個莫把星辰錯龍要合向向合水水合三吉位此指宜合貪巨武三吉之水爲祿馬官星方配得山來之法都天寶照經又有乾坤艮巽出官貴乙辛丁癸田莊位甲庚丙壬最爲榮下後兒孫出神童此指貪巨武三吉

挨得位亥之庶又有辰戌丑未四山陂甲庚壬丙葬墳多若依此理無差謬清貴聲名天下無爲官自有起身路兒孫白屋出高科寅申巳亥騎龍走乙辛丁癸水交流若有此山並此水白屋科名發不休昔日孫鍾扦此穴從此聲名表萬秋此重言得貪狼之氣所蔭者而挨水之法在青囊奧語開首坤壬乙巨門從頭出一節蔣公註坤壬乙非盡巨門而與巨門爲一例者原水裡有水裡之元空大卦雌雄挨星之不同坤壬乙卽一二三之元空天元一卦也而云巨門乃挨星起例也既屬一二三何不以坎坤震而以坤壬乙相配者中有雌雄之

義也學者當訪明師口授關山上水裡之法方能了悉蔣公畏天禁不洩余安敢犯之然發明此眞旨而諸家所言挨星之謬亦可不辨而自明矣

城門章

城門者即青囊經內氣止生之道也地理自元空金龍雌雄挨星合用之後而來龍砂水分配消納已無舛漏然苟不得城門一法歸之則元空金龍雌雄挨星等法合得好來龍好砂水而坐下無主星皆爲過客矣必得此城門一法覓一個好主星將元空金龍雌雄挨星等法所合得好來龍好砂水之生氣均招攝翕聚乎此所

謂內氣止生之道也故城門乃地理極要之地顧名思義如國之城垣數萬生靈祇係一門衛守都天寶照經有五星一訣非眞術城門一訣最爲良識得五星城門訣立宅安墳大吉昌可見城門一法爲元空金龍雌雄挨星諸法之歸宿都天寶照經又有筠松寶照眞秘訣父子雖親不肯說有人得遇是前緣天下橫行陸地仙可見城門之靈城門之禁也學者須在青囊序龍分兩片陰陽取水對三义細認踪及天上星辰似織羅水交三义要相過水發城門須要會却如湖裡雁交鵝之處細心體會而其法在一氣一水間風天之氣也屬陽水

地之形也屬陰一陰一陽爲界一形一氣所止即所謂
一雌一雄相交也蓋風不可乘乘則散矣焉有融結之
理水則宜界界則止矣方有生成之功此不定在形勢
上見須遇明師指授得三义眞旨方知點穴不可分寸
差移授得三义眞旨又宜知聚氣藏神之勢斯得城門
法矣都天寶照經所謂若是砂曲是辰正收得陽神定
斷然一葬便興隆父發子傳榮又曰穴見陽神三折朝
此地出官僚又曰安墳最要看中陽竟抱明堂水聚囊
出峽結成元字樣朝來鸞鳳舞呈祥外陽起眼入皆見
乙字彎身玉帶長更有內陽坐穴法神機出處覓仙方

此皆指明城門一訣學者會此而諸家所論城門之謬亦不辨而自明矣

太歲章

太歲者即青囊經用八卦排六甲也地理自元空金龍雌雄挨星城門五法定後而地理之妙用全矣自相一地稍有一法未到或一法有二三分未合者均禍不旋踵合則諸福畢至而禍福之來去久暫必得太歲一法方知某元某運年月之應天玉經所謂更看太歲是何神立地見分明也用八卦者即洛書九氣處其中而佈於八卦之位亦不拘在八卦之位謂某元某方得運之

例須在元空挨星中審之而排六甲者確有動靜兩法均從坎宮起甲子動則在洛書中求之靜則在八卦二十四山中求之學者宜得明師相授余不敢直洩也而看太歲之法又不在三元九氣八卦二十四山中定局而在龍穴砂水羅城大小重數局面上看之所以自古明師立穴作記有數百年後數十年後數年後當出一某生命人幹何事業及家之禍福盛衰無不應驗者此道得也如董德彰下樂平汪氏祖地預知半夜敲門送契來劉永泰下永康徐侍郎祖地預知一二代貧三代讀書四代爲官五六代科甲聯登學者宜於此深味焉

地理原述（此叙明得地理原由及傳人禁戒之則）

余因祚薄門衰感宅兆一言及程子培植其根枝葉自茂之語卽欲覓坯土以妥先壤故儒業之暇究心此道十有餘歲其看書訪師受作用之法者百十餘家彼此矛盾無的旨也迨遇我師蔬圃野人授以元空金龍雌雄挨星城門太歲六法以盡龍穴砂水向五事將法細勘辨正一書果符楊曾之言蔣姜之註而又加乎古今墓宅竟合靑囊序請驗一家舊日墳十墳埋下九墳貧若有一墳能發福去水來山盡合情及靑囊奧語勸君再把星辰辨吉凶禍福如神見

及天玉經若還不信此經文但覆古人墳等語始知六法為楊曾之宗旨蔣氏之心傳也有驗往開來之道有移取造化之功寶照經所謂陰陽若能得遇此蚯蚓逢之便化龍又曰欲求富貴頃時來認取寄松眞妙訣者此之謂也吾師蔬圃野人十九歲嗜好地理即有出塵之志三十二歲得長生術物外雲遊兼訪地理楊公所云百二十家者無不旁及之六十七歲遊終南方遇隱君子授此六法遍索四十餘年可見得道之難也余遇洞庭時年已八十九矣童顏鶴髮飄飃若仙逢人講因果及忠孝節義利物濟人立

品立命之事一身祇賸破衲芒鞋竹杖而已謂余曰我苦求此道四十七年足破履穿得此傳後驗證二十二年外無傳人非不欲傳不得忠信廉潔敬謹靜讓者恐爲造物所忌今遇子莫非前緣正寶照經有人得遇是前緣天下橫行陸地仙者是也傾囊授子宜常記寶照經千金難買此元文福緣遇著無輕洩天玉經世人不知天機秘洩漏有個葢汝金傳得地中仙元空妙辯言又曰相逢大地能幾人幾個是知心若還求地不種德穩口深藏舌等語銘佩終身焉語畢飄然長徃莫知所之然亦莫知爲神人否也自

得傳後遷師誓戒不敢輕傳尤不敢輕與扦地卽有
相傳必其人心術正品學端有忠信廉潔敬謹靜讓
八字常以隨緣守分安命聽天不妄語人非茲者不
談不妄點地非德者不與不江湖行乞不欺詐於人
不負義忘師不瞞心昧己不貪淫貪酒不自伐自矜
不盜葬強葬不斬龍斬脈不塞墓騎頭不陰謀暗佔
不勸人改墳不受人私賄不葬封禁之山不取非義
之利不刁唆詞訟不讒害善良常行利物濟人之事
常抱存誠養正之功反此者皆非余所傳也自後或
有無恥之徒懷小補書一部或懷秘訣幾本亦稱得

蔬圃野人之傳或曾得寻所傳行詐行術貽害匪淺

預此辨明望　遐邇君子共爲留意焉

地理形勢本原論

世俗論形勢者皆寻上卷自序中所論龍穴砂水之

法外别無秘旨而不知寻上卷自序中所論龍穴砂

水之法皆形勢末節不爲甚奥若論形勢當求形勢

本原寻之重理氣不重形勢者非不重地理形勢實

重形勢之本原不重形勢之末節也若明得形勢本

原之理則不求形勢而形勢自陳不求形勢合理氣

而理氣自合故特作形勢本原論一篇其中秘竅有

難盡言須在學者之自悟耳

天體渾圓包乎地外周旋無定元氣充塞團涯地心而地乃得懸空而不偏墜地體沌方處乎天中周圍依天得所地有空缺天極周匝此天包地外地處天中即所謂天地之大雌雄也天南高北低則日月星辰羅列望之如倚蓋地東北低西北高則山河川澤望之若棋局東南爲地戶故低而多水西北爲天門故高而多山崑崙之頂起於天門（此天下發源之山也）尾閭之水洩於地戶（此天下歸源之水也）尾閭又爲天地水谷萬水歸焉書所謂江漢朝宗於海也此天地之一山一水配成天地之大形勢也看

天覆地載二氣相函成一太極天主動渾圓者動之機地主靜沌方者靜之體一動一靜而太極分動之始則陽生焉動之極則陰生焉靜之始則柔生焉靜之極則剛生焉一陰一陽一剛一柔天地之道盡矣大動爲太陽小動爲少陰大靜爲太陰小靜爲少陰又大動爲大剛小動爲少剛大靜爲大柔小靜爲少柔或謂陰陽即剛柔也何天之用在陰陽地之用在剛柔不知陰陽成象剛柔成質象成於天者則有日月星辰質成於地者則有水火土石是以太陽在天成象日也大剛在地成形火也太陰在天成象月也大柔在地成形水也少陽

在天成象星也少剛在地成形石也少陰在天成象辰也少柔在地成形土也自日月星之外高而遠者皆辰也自水火石之外廣而厚者皆土也自日月分之則爲寒暑星辰別之則爲晝夜天之交變盡矣自水火分之則爲風雨土石別之則爲雷露地之變化亦盡矣於是晝夜變物之形體寒暑變物之性情動植之感稟乎天者也風雨化物之走飛雷露化物之草木生育之功資乎地者也自形象言之謂之天地自性情言之謂之乾坤易曰大哉乾元萬物資始又曰至哉坤元萬物資生此天地合德陰陽合配卽所謂雌雄交姤者也人稟天

地之德陰陽之氣所生暑寒晝夜無不變雨風雷露無不化性情形體無不感飛走草木無不應所以目善萬物之色耳善萬物之聲鼻善萬物之氣口善萬物之味心爲萬物之靈也故人者物之主而聖者又人之至也此性理之道畧發數語爲取地者則焉宜從此處參破耳自天地合德陰陽分配以來則乾坤位定天地泰交而五行具萬品齊生生化化化化生生無有窮止自五行具其氣上應於天者結爲東西中南北之五星化爲春夏季秋冬之五序中應於人者結爲尖圓肥瘦方之五體化爲仁義禮智信之五性下應於地者結爲圓直

曲尖方之五形化爲青紅黃白黑之五色有生尅制化之功有盈虛消長之理正則五而變則九化體成物化氣成形或聚或散或順或逆或密或疎或平或險或獨或兼莫可盡態而其氣交感於天地之間散則爲風和則爲雨鬱則爲霧結則爲雲舒則爲霞凝則爲露肅則爲霜冽則爲雪戰則爲雹擊則爲雷爍則爲電駁則爲虹萬品流行皆本乎此此五行之體立五行之氣行一體一氣變化多端取地者當善察之耳若夫五方之風土不一四時之寒暖燥濕及人之言語嗜慾聲教各殊水火土石結爲靈明至實者人跡罕至有難述之此五

行之氣分別五方者也四方溫厚之氣始於東北盛於
西南四方嚴凝之氣始於西南盛於東北溫厚之氣多
生富貴嚴凝之氣多出聖賢溫厚者水也東南之卑地
也嚴凝者山也西北之高地也正地理所云水主財祿
山人丁也而四方者東至泰遠西至邠國南至濮鉛北
至祝栗謂之四極四極之內有四荒四荒之外有四海
東至日出爲太平太平之人仁齊州以南戴日爲丹穴
丹穴之人智西至日入爲大蒙大蒙之人信北戴斗極
爲崆峒崆峒之人武四方之性各異皆四方之氣使之
然耳是故氣有淸濁則形分貴賤氣有厚薄則形分肥

瘦氣有消長則形分大小氣有順逆則形分吉凶氣有促舒則形分美惡此形氣之變禍福所由感也世俗以龍穴砂水稱地幾能昧此本原形勢與理氣原無分途蓋山自崑崙發脈有一支萬派之象必萬派歸於一支而地方成水自尾閭歸源有萬派一支之象必一支化爲萬派其地乃結此形勢之秘訣而亦形勢之捷訣也學者當訪明師指透箇中義理第一要識行止第二要識正偏第三要識主奴第四要識來往第五要識前後第六要識出納第七要識性情第八要識順逆第九要識尊卑第十要識風水此十者龍穴砂水中之不可缺

一也而尋地之秘旨又在大學之道知止而後有定定而後能靜靜而后能安安而后能慮慮而后能得之理總之論龍穴論砂水在於天地之渾圓沌方而已明得天地大雌雄一山一水配成天地大形勢及天地合德陰陽分配天地之大雌雄大交媾人理生育之道與五行正變之體一理萬化之氣五方風土之感形氣相交吉凶之理於是形勢之道得矣生面別開庶不似庸術習見必遇明人方知此論奧義否則局外摩索難免買櫝還珠之譏也

或問

或問曰聞俯察有云善斷墳者必謬於葬爾以驗墓宅爲把握豈不謬於葬歟余曰山川鍾靈毓秀山川何靈乃氣鍾之山川何秀乃氣毓之山川者地也氣者理也山川之氣得理之淸者生一切吉祥得氣之濁者生一切凶惡禍福絲毫之應皆本於理自古明師之明必明於易理明於易理者則驗往知來吉凶如見俯察所論善斷墳者必謬於葬原闢後世術數邪說之意所謂術數邪說者即上卷自序中浮砂斷之類各有奇效求其下穴毫無靈驗假其術者雖高人達士亦不免爲其所惑所以俯察有是言也大凡以驗墓宅爲把握總以丁

秀財官某元某運某年某月某生某人禍福承應而於發人陰私墳分男女及正寢枉死有何病症與一切小小禍福奇奇怪怪之事或造葬定時預知何物何事人到造葬後預知何日主何物何事進納種種詭談不可聽信若徒執俯察之言不分辨眞僞豈不自誤須於上卷驗墓宅章細心領會之

或又問曰有驗墓宅知官發京內何部之職京外何郡之權此何說也祇聞雪心賦有某郡某都分野可斷之語愚竊疑之假如子屬齊地得子上高峯官必分發於齊倘齊地人得子上高峯者能不分發本省余曰京內

何部設職本於五行金司刑木司禮水司士火司兵土司吏戶而地理卽以五行斷之京外何部得權本於挨星之九星所帶分野而斷者非十二國分野定論然出挨星之九星所帶分野亦有得本省之星者能不分發本省氣之造化令人莫知或葬後使人出籍待生其人而分發焉或他省人葬之在本省未落籍生人在本省分發或發武職學博之列亦可以分發本省

或又問曰分發之說實有驗歟余曰昔廖瑀爲樂平許學士下祖地時許寶文方幼有知其他日爲虔州太守後果其言太守有祭廖瑀之文吳景鸞令埦鉗記有官

職在粱州之語此皆出於明師可考者
或又問曰有驗墓宅能探泉源溪水可分有地無地及地之大小文武科貴財祿已葬未葬此何說也余曰水是山家血脈之精探者探其精也其法有二一看其氣一嘗其味余不敢筆洩學者須得明師口授昔樂平洪士良同師吳景鸞尋地官坑嶺下良渴索泉探之謂師曰此結有貴地師隨探之不但主貴尤有翰墨香必生大賢同至山巔得其穴後報朱氏果出文公
或又問曰有驗墓宅一山數十墳同此一土一向可分各墳盛衰此又何說也余曰曾不聞楊公有請驗一家

葬日墳十墳埋下九墳貧若有一墳能發福去水來山
盡合情之語此得地理之眞傳者方有此神
或又問曰上卷自序中所闢浮砂斷等類均是數術邪
說理固然矣何以有靈有靈斯亦有理余曰凡數術邪
說未嘗無理不過左道耳均可以一時論小小禍福而
於丁秀財官大本均無與焉若誤聽之必受其害
或又問曰上卷自序中所闢俗稱巒法蔣法三合三元
諸家理氣未必無一眞的者況皆出明師之名豈盡僞
託明師之名乎余曰自古明師之傳只有一理一法何
得雜出諸家自相矛盾是皆僞託明師之名明矣其中

有可酌用者三合之法從坐上起長生輪得生養旺三方水宜朝聚病死墓三方水宜去放及黃泉八煞夾竹梅花與分金納音起長生消水者可酌用也其最害人者乙丙交而趨戌辛壬會而趨辰斗牛納庚丁之氣金羊收癸甲之靈及丙丁乙酉屬火之大元空與七十二龍納音起長生之消水八宅周書之安宅者切不可信用三元之法其中紫白飛遁年宮與夫甲癸申貪狼掌上推排宜收得合之水一訣外及生旺奴煞洩內有一二砂可合否則均不能用焉其最害者乾入坎坤入離之屬及天元兼人元地元獨用與子午卯酉山乾巽坤

艮水之類切不可遵行

或又問曰世之儒士不信地理者每以袁子才與張司馬書將地理辨駁其所論皆有實跡是何說也余曰才人多恃聰明即非理之言均令人俯首子才之駁地理論實跡未嘗不是是才有餘而理未到如駁伊川先生培植其根枝葉自茂之語子才謂父母肥子孫瘦父母壽子孫夭生前尚無補於枝葉而况死後之枯骴殊不知子孫在母胞時全賴父母之精血以養肥瘦由胎而定各有受命不同則父母何能自主不但肥瘦壽夭不能自主即心性亦不能拘束至父母死雖枯骴無靈則

可爲子孫主卜吉地葬之雖枯骴無靈而化爲有靈矣況山川之靈可以發福無主則福應誰家今以子孫之主托之則福及子孫矣伊川眞理學也子才不及远矣如駁漢延尉吳融以人所封地葬毋人皆言必滅而子孫反貴盛殊不知地理之發蔭不重在形勢而重在理氣人皆言必滅形勢之不佳也子孫反貴盛理氣之合吉也如藉隋文帝之言我家墓田若云不吉我不當爲天子若云吉我弟不當戰死殊不知天傾西北地缺東南日月晦蝕天地尚且有虧何況吉穴有幾能十全房分有幾能均者如駁上古王季之墓爲灤水所齧而無

損周家氣運唐高祖起師破長安留守發其祖墳而卒成帝業殊不知周唐已得帝地而成帝業所醫所發者皆非帝業之地也山川結帝業之地鬼神呵守外無形勢可覩葬亦不覺應亦不覺人之祖宗得此地者不過一二塚而諸祖豈能無凶地而不扯住帝業之吉地乎此之謂也所以醫之發之皆是凶地夭假此以賞善也文帝有曰七世祖考稍有一地不安子孫不能發達正如駁蔡京酷嗜風水葬父於杭之臨平以錢塘江爲水越之秦望山爲案似乎大吉而卒至全家灰滅殊不知蔡京生平所幹何事而嗜風水祇知取形勢美觀而不

知理氣眞作用亦焉得不滅如駁青囊一書乃術者妄詞殊不知青囊一書本於易理發於性理豈術者所能撰也如駁張說門左之地村夫卜葬俚斗書碑泥師知其必貴殊不知德緣所遇天賜其福者子才所駁才有餘而理不足爲此辨明以示不重地理者戒

或又問曰爾著此書專重理氣未必形勢全可畧乎余曰世之稱生殺人者莫如醫地醫之生殺人祇一而地之生殺人大而一族小而一家有謂醫之生殺人也病在臟腑三指證之稍有一誤生死攸分而地之生殺人有龍穴砂水形勢之辨何以有殺人語而殺人者皆形

勢未辨清或時日誤之不知善醫者不視人之肥瘠而察脈之生死脈生者雖瘠攻之不害脈死者雖肥補之莫瘳而善地者不視形之美惡而察氣之吉凶氣吉者雖惡形亦吉氣凶者雖美形亦凶地理醫理理同一原道實叢雜地有過於醫之百倍者醫自王叔和脈經出法顯理微後之立說者皆不外其法即六朝高陽生造偽訣今亦息矣理法昭然人反以此殺人者因不精耳地自黃石公青囊經出理顯法微後之立說者皆不外於理而法已無歸人之以此殺人者龍穴偽誤之耳今余集此書體用並重顯眞道辨偽亂息邪說庶千百世

孝子忠臣不爲地理所禍非有他意焉

地理戒例十二則

地理何以有戒卽蔣公謂天律有禁也大凡得地理之眞者不知其戒難免造物所忌江湖行乞不知其戒難免鬼神譴責近見形家者流大半或絕或貧遭一切凶禍者皆不知所犯之戒良有以也余今特爲拈出十二則爲地理家不知者醒

一得地理之眞者非遇忠信廉潔敬謹靜讓之人不可妄傳雖骨肉親友亦然倘傳非其人能不干亂洩之罪而不得地理之眞者尤切不可妄傳並不可將書

遺後倘吉人信用能不誤人誤世倘子孫奉爲家傳
能不害及子孫

一得地理之眞者非遇積善之家雖謝重金不可見地
骨肉親友亦如之倘見與薄德之人能不爲天地所
震而不得地理之眞者尤切不可見地並亦不可自
妄擇地倘遇花假之穴能不誤人害己

一不可欺心凡詐害者或受人私賄以是地謗爲非地
非地譽爲是地或受仇人私賄或因節薄挾嫌使其
將吉地敗壞害絕一家大凡欺心卽是欺人縱目前
得計而終身與後嗣不顧噫何愚若是

一遇有吉地不得誇現於人須訪有德者獻之而亦看其緣分何如若吉地之大者更不可露洩及自己痴圖逆天行葬總之大德者得大吉地中德者得中吉地小德者得小吉地量德而施庶合天地賞罰之道

一凡墓宅寺宇在前不可後龍斬斷及毀寺宇下穴並不可使人鑿絕龍氣

一凡人家吉穴已葬未葬切戒陰地謀佔及盜葬強葬火葬即他人謀已吉穴已盜葬者不可挖出揚骸即謀佔強葬者憑官論理或勸彼葬之家搆買亦可

一人家老墓不必勸改即房分兄弟貴賤貧富不一爭

執求改者當婉言勸諭恐移吉葬凶同歸於盡或有德之家實屬凶地連年損丁破財諸禍畢至必先尋一吉穴方可與改一二塚切不可貪金移凶改吉

一人家祖山昭穆不可混犯並不可騎頭塞墓暗地偷擠相挨而封禁之山雖吉穴倘存不可主葬使人傷族滅倫搆訟受禍

一開穴有開出古塚不可墮葬宜另卜件葬並宜將古塚成墳祭奠以安靈魄

一落壙後築墳此千萬年之固在此一日宜地師珍重督令土工不可草草若子孫廣衆可以息勞或幼年

孤哀或隻身獨子或鰥寡孤獨之人任土工自便爲地師者不極力爲主問心何安

一酒色不可過量越分人家欲得吉地難得地師眞言始誘以酒旣迷以色酒色後易道眞言

一心地宜培有心地方有陰地若心地不培縱有法眼中有鬼神蒙阻本吉地而誤認爲凶地也而培心地當看感應陰騭覺世諸篇可行者儘力行之力難行者心及而已

以上戒例十二則不特地師當戒而內有數條卽思得地與平時自居者均宜守焉一念之不忍不

知積多少陰功一念之不留不知造多少罪孽善惡祇在一念之間或出於無心或出於有心莫謂出於無心其罪輕出於有心其罪重出於無心者因平日不檢束任其放縱雖無心亦有心也出於有心者因平日狡詐殘刻不知內省而有心爲之亦出於無心爲之也善惡不論有心無心看其關繫大小雖在冥杳之中不知所爲天眼恢恢疏而不漏人可不畏哉

形勢理氣合用總賦

天地旣判山川始陳陰陽象列剛柔形生陰陽盡天之

象剛柔盡地之形陰陽剛柔以判天地氣質以明所以言理氣者卒盡乎陰陽之道言形勢者卒盡乎剛柔之情以陰合柔以陽合剛一理之並行不悖相形論氣相勢論理先賢之作法彌精未有專形勢而理氣可畧專理氣而形勢可輕又未有專形勢而形勢之僞妄雜出專理氣而理氣之矛盾相爭葢理氣以八體抽換爲本形勢以九星正變爲衡就八體抽換之氣而求九星正變之形古今之微言在此就九星正變之形而測八體抽換之氣山川之秀氣方清形勢合理氣自然之造化理氣順形勢自然之生成形勢理氣混合陰陽剛柔相

金於是山川交蔭福祿永貞夫論形勢者如山形高聳
爲剛用之不動爲柔水形卑下爲柔用之流行爲剛論
理氣者如山氣温厚爲陽用之嚴凝爲陰水氣澤潤爲
陰用之流蕩爲陽凡山皆祖崑崙分脈分枝愈繁愈細
此剛而生柔也凡水皆宗大海同派同流愈合愈廣此
柔而生剛也崑崙大海此形勢之大剛大柔大海崑崙
亦理氣之大陰大陽得如斯而無二致究此理而悉萬
端形雖萬水千山勢已盡於闔闢理則萬殊一本氣不
外乎赤黃須動中求靜靜中求動強中見弱弱中見強
散者散聚者聚當明聚散之路向者向背者背且識向

背之方雌雄貴宜交耦順逆要在消詳硬動死生莫泥
形勢之取舍減饒趨避自將理氣之酌量氣微形著氣
依形而成龍水合山分山得水而結地山水知其融洽
毓秀鍾靈形勢察於精微理明法至胎息孕育明變化
撥換之神生旺休囚審錯綜顛倒之義入山尋水門先
查主合之辰登穴看明堂細究星峯之次某山某水相
交何局何卦克備賓主盡東南之美骨肉同親夫婦盡
琴瑟之歡糟糠不棄立向貴迎官而就祿高閣巍峩作
法須聚氣以藏風深閨淑媚最喜眠弓一案千百精神
更有對聳千重十萬豪氣直水牽牛莫謂沒元不結雄

山馳馬莫謂奔走難拴後山萬仞之高莫謂陽光已閉前朝層級而下莫謂元氣不全山若粗横莫謂頑梗不化穴如醜惡莫謂濁氣使然總宜相形勢之美拙合理氣之正偏陽來陰受陰來陽受此陰陽不易之至理水洽山融山洽水融此山水交配之眞詮不知陰陽反逆山水倒顛陰陽配合山水團圓雖拙亦美縱愚亦賢何凶惡之可畏已福澤而長綿若夫水龍以水爲主山龍以山爲宗理氣之作法有異形勢之取用相同水龍要元武之纏繞山龍貴朱雀以逢迎元武妙在潛藏百川蕩漾朱雀又宜飛舞萬朶芙蓉山氣悠長側腦半棺超

萬水水神洽聚平洋一塚勝千峯貴龍眞而穴正貴水曲以砂重怕風吹而水劫怕假穴以花容左降右伏猶正宰以登堂後應前呼若大軍而行令星以變換爲貴九體排明形以聳拔爲尊五星出衆金不金而土不土縱有形勢非宜巨不巨而貪不貪雖合理氣無用蓋武曲之水不宜交廉貞而流火星之城不宜抱太陽而送生尅制化之理裁度由人禍福斷驗之神古今可證子孫特達不必問祖尋宗將卒威嚴自能行軍拔幟知止而後有定步脈根原一卦而不相離尋龍秘密辭樓下殿不離木火之星東氣傳神貴成巨武之質到頭三節

穩着脚根一線穿針高擡眼力陰龍貫頂者穴宜虛陽龍入首者穴宜實莫泥前照後樂左抱右環莫泥相水乘金穴土印木莫泥乳突窩鉗莫泥死生順逆風水界合當求蟹眼蝦鬚八國城門惟關三乂四勢源頭活潑究一曲以朝來水面平鋪審交關之情致明暗朝揖之吉遠近宜求穿割箭射之凶去來合避山峯卓卓看起伏於何方衛護重重認空虛於何地闔闢乾坤定位地軸天關方圓尖秀聯明聚精會意四水歸四山聚元氣一團八門陷八風吹靈光已滅水口之山貴緊緊則吉氣長流抱身之砂宜彎彎則元神不洩若徒羅城周密

水口關攔不知山水亂顛陰陽蕩缺縱邀美麗之祥難免災禍之裂八山隘塞者氣無所融八水橫流者勢難所結邊山邊水南北大極成圖四水四山東西兩卦一穴水外要四山來會細尋朝對之分明脈中得一穴爲奇的要左右之交別乙辛丁癸之向仔細方遷辰戌丑未之山酌量可決不然禋祀無傳蟻風共齧但求眞正明師方識元微秘訣春光畧露誰能洞此微幾奧理宏深豈易造其精切更有怪形異相我所取而人所棄亦有曲水佳山人所奇而我所拙眞龍有一端之失未可言凶大地多小節之疵豈得謂劣庸師不識放大節而

茍小疵吉壤已遺探眞龍而遭僞脈所以邀多福而反生諸殃大都昧正言而惑信異說過則勿憚改當拜眞師擇焉而不精悞爲諸孽認凶爲吉認吉爲凶擬富貴於茫茫之外以是爲非以非爲是指禍福於渺渺之間悞已悞人大半頃家遭貧絕執書執見平生興業更艱難有謂地理渺茫山川無語豈知明師詮案今古可觀富貴之宗盡是明山秀水貧賤之祖許多刼水窮山改天命奪神工懷眞授者訣宜愼種心田獲陰地探吉穴者志莫寒禍福多自己求吉人吉地鬼神雖云呵守半露半關積德以遺子孫自遇明師之引作惡而罰宗祧

終爲盲術所奸地理萬卷各有能長勿謂片言皆僞說正道一葦無從所考乃求千里之達官璞葬經鑽撼龍開萬年之寶筏蔣辨正姜歌僞度百世之金丹他如蔡公之發微論范氏之黑囊經頭頭有道金精之九星格平階之歸厚錄細細參觀形勢理氣不分案之歷驗可考理氣形勢合一地之全璧方完至理顯然在明哲自能辨悉微言奧矣豈庸師所得盤桓非出高超之見孰造神化之端謹賦斯言已罄吾心之堂奥惟祈後世早妥吉壤而覩安

諸書以形勢理氣分爲二途專形勢者抹煞理氣專

理氣者抹煞形勢彼此混爭兩無的旨卽有以形勢理氣合用者或在形勢上將死羅經左牽右扯或宜納某水吉去某水凶或宜消某砂吉避某水凶或泥某字來龍須得某字立穴或泥某字來水須得某字去水某字立向方爲合法稍有不合雖好形勢亦必棄之不知眞形勢乃天造地設有一定之龍自有一定之向一定之砂水非人力勉強牽扯眞理氣乃古聖洞徹造化自然之理順乎山水生成之道無半點牽強造作故有此形勢自有此理氣寓之有此理氣自有此形勢合之若不訪求明師得此眞理氣則理

氣自理氣形勢自形勢形勢理氣相反焉有鍾毓之機雖得有好形勢鮮不遭理氣僞說所破耳故特作形勢理氣一篇以雪我心望學者不爲諸形勢理氣合用之僞說而惑之

詳辨諸家挨星

地理雖一藝而原本於理非術數也儒者道通三才理明一貫不可不精思以造其極況其爲愼終送死生民切要之務乎余少受經閒事參考復感先聖卜宅兆之言卽欲覓坏土以妥先靈遂搜集古今秘囊自秦漢晉唐宋元以來凡立說者無不蒐採漁獵大概半在頭巒

半在理氣言巒頭者主龍穴砂水龍要成星合格起伏開帳迎送夾護活動盤旋脫粗換細長短隱顯有情而已穴要成星合格聚氣藏風乘金相水穴土印木棄死挨生窩鉗乳突橫直平側土石水泥奇巧怪拙及高下左右前後樂應有情砂要成星合格高低平正方圓尖直灣抱秀麗朝案拜拱衛護關鎖有情而已水要成星合格曲折之元環繞平聚明暗朝揖有情而已外及官鬼曜星禽獸羅星喝形倒杖別無他秘而言理氣者則紛紜聚訟有天卦地卦天父地母三合雙山黃泉八煞大小元空大小中神大小游年四經洪範二氣五行正

氣五行四大金龍四大水口東西四宅夾竹催官輔星納甲穿山透地子父財官三奇祿馬貴人分金宿度空亡差錯關煞及撥砂生旺奴煞洩河圖五子遁運紫白飛遁年宮長生各種五行起例外有浮砂斷入門斷都天斷望龍斷隔江斷望宅斷八仙過海斷墳頭驗草斷何知經鬼靈經覆墳經開門放水經透山光隔山照烙屋羅睺橫天紫微魁星斗杓玉函挨星三合火星野馬跳澗之法各有取用言人人殊實苦泛濫而無從折衷矣迨讀我

國初蔣大鴻先生辨正一書註青囊經序奧語天玉寶照

諸篇始知前說皆非但義隱言中言存理外未易窺測苟無心授雖索理窮言終歸幻境後得再辨直解補義辨疏四帙皆稱心授而其法究紛綸不一有以子午卯酉乾坤艮巽為天元卦辰戌丑未甲庚壬丙為地元卦寅申巳亥乙辛丁癸為人元卦謂天元可兼人元人元不可兼天元地元獨用即父母可帶子息子息不可帶父母之義者有以子午卯酉之山宜乾巽坤艮之水乾巽坤艮之山宜子午卯酉之水辰戌丑未之山宜甲庚壬丙之水甲庚壬丙之山宜辰戌丑未之水寅申巳亥之山宜乙辛丁癸之水乙辛丁癸之山宜寅申巳亥之

水者有以一二三四爲東四卦六七八九爲西四卦東四卦得運宜配西四卦之水西四卦得運宜配東四卦之水者有以坎宜乾水坤宜兌水震宜艮水巽宜離水乾宜坎水兌宜坤水艮宜震水離宜巽水爲催官水者有以乾宜艮水坎宜坤水艮宜震水震宜離水巽宜兌水離宜乾水坤宜巽水兌宜坎水爲先後天合局者有以坤宜乾水乾宜坤水艮宜兌水兌宜艮水巽宜震水震宜巽水離宜坎水坎宜離水爲先天合局者有以離宜坎水坎宜離水艮宜坤水坤宜艮水震宜兌水兌宜震水巽宜乾水乾宜巽水爲後天合局者有以乾兌必

須坤艮乃爲正配離震見乎巽坎始是正交者有以乾入坎巽入艮坎入震艮入巽坤入離震入坤離入兌入乾者有以先天來龍後天立向者有以後天來龍先天立向者有以先天來龍立向消水配成六十四卦者有以後天來龍立向消水配成六十四卦者有以先後天合用配成六十四卦者有以邵子先天六十四卦圓圖排列二十四山錯綜抽換者有以甲癸申貪狼坤壬乙巨門子未卯祿存巳戌乾文曲巽辰亥武曲艮丙辛破軍丁庚寅左輔午酉丑右弼陽順陰逆爲換山倒排父母者有以子癸甲申貪狼壬卯乙未坤巨門乾亥辰

巽巳戌武曲酉辛丑艮丙破軍寅午庚丁右弼陽順陰逆爲挨水城門一訣從文廉輪轉者又以此訣畫爲山水挨用者有以依上甲癸申及子癸甲申二訣不從九宮掌而從羅經紅順黑逆挨用以廉貞歸天池者有以上元挨星從午酉丑右弼寅庚丁左輔艮丙辛破軍中元挨星從辰巽亥武曲巳戌乾文曲下元挨星從坤壬乙巨門甲癸申貪狼子未卯祿存起者有以子午卯酉起申爲貪乙爲巨丙爲破寅申巳亥起甲爲貪壬爲巨艮爲破辰戌丑未起癸爲貪坤爲巨辛爲破爲打刼煞者有以亥卯未巳酉丑乾甲丁巽庚癸申子辰寅午戌

坤壬乙艮丙辛從三合起星以養生作貪狼帝旺作武
曲沐浴作文曲之類者有以破祿文廉要避會巨武輔
弼要迎者有以申子辰寅午戌爲水火局巳酉丑亥卯
未爲金木局坤壬乙艮丙辛亦水火局之類者有以子
癸甲申本宮起貪乙辛丁從巳起貪卯午酉從巽起貪
丙壬庚從戌起貪丑未從庚起貪坤艮從午起貪寅從
乙起貪乾巽辰戌巳亥從對宮起貪者有以巳巽酉辛
乙辰子癸從乾起貪亥壬乾甲丙戌從巽起貪午丁從
本位起貪坤艮酉庚申從坎起貪丑未艮寅從震起貪
者有以甲庚從壬丙起貪壬丙從辰戌起貪乾巽坤艮

從子午起貪寅申從巳亥起貪巳亥從丁癸起貪寅申巳亥甲庚乾巽或從本位起者有以乙辛從巳亥起貪丁癸從乙辛起貪丑未從壬丙起貪辰戌從庚甲起貪子午從卯酉起貪卯酉從子午起貪丁辰或從本位起者有以水龍從向起星山龍從坐起星者有以山之父母輪到向上向之父母輪到山上來水之父母輪到向上去水之父母輪到山上者有以甲庚壬丙乾坤艮巽寅申巳亥爲陽出脈子午卯酉乙辛丁癸辰戌丑未爲陰出脈陽放在水上陰放在山上陰放在水上陽放在山上一山兩用順逆各佈一局爲四十八局者有以水

之來去要陰星則山向必要陽星水之來去要陽星則山向必要陰星者有以上元貪巨祿中元文廉武下元破輔弼要輪得到山到水爲得合者有以先後天納甲合用爲乾山乾向水流乾之類者有以挨得四文曲爲乾山乾向水流乾之類者有以當令之星爲金龍者有以統運之氣爲金龍者有以辰戌丑未四大水口爲金龍者有以乙辛丁癸爲金龍者有以當令之星爲雄退令之星爲雌者有以陽順陰逆一顛一倒爲雌雄者有以山爲雌水爲雄者有以山上之星辰即水裏之星辰水裡之星辰即山上之星辰爲雌雄者有以此處要順

排彼處要逆排此處要逆排彼處又要順排為雌雄者有以當令之星管局為城門者有以出水一星為城門者有以水口及關會之星為城門者有以六九五百四十年元運者有以三六一百八十年元運者有以六十年二十年元運者有以本元本運為生龍催運為旺龍平元未交之運為平龍出元當煞之運為死龍未交當煞之運為囚龍者有以當運之龍為旺龍退運之龍為衰龍者有以當運之水為煞退運之水為吉者有以當運之山宜配失運之水者有以上元離水中元乾水下元震水為五黃水能領八方旺氣者以上各說皆受有

秘本皆稱蔣氏之眞傳矛盾已極不知何者爲是後遊洞庭之東遇隱君子號越圃野人者年躋大耋久謝塵緣飄飄有仙氣萍水促膝議論出羣於此道實得懸解余恐當面錯過請事以弟子禮者三方荷允許焚香受戒而後傳之始知有眞訣無秘本口講指畫惟在辨正一書既歸玩索三閱月一旦豁然向之辨正註不能釋然者靡不毫髮相貫及歷證古今塚宅正楊公所謂吉凶禍福如神見也因思辨正一書蔣公註無遺漏言雖隱約得訣者自可顯然何得復增再辨冝解補義辨疏各說與蔣註毫釐千里豈非畫蛇添足者乎況蔣公有

辨偽原文謂天律有禁不得妄傳苟非忠信廉潔之人未許與聞一二而中人以下走四方求衣食者僕未嘗不憐之然欲冒禁而傳眞道則未敢許也至於僕之得傳者有訣無書貴在心得非可言罄除辨正一書之外別無秘本何今之江湖行乞忘忠信廉潔四字各懷秘本皆稱蔣氏之眞傳豈蔣公既有辨偽原文而復以授若輩哉嗚呼蔣公之作辨正原爲息邪說而救正斯道者也今相去未遠邪說肆行蔣公有靈能不墮淚余何人斯敢與蔣公大聲疾呼披荆闢路以正其道耶然不爲明辨則道卒不能正正躊躇間友人忽進曰不聞孟

子云楊墨之道不息孔子之道不著乎是不得不大聲疾呼將各僞說一槪闢之僞說旣鋤眞道乃顯爰於易義流液一書告竣後復將地理發明以安先靈遠庸術訪明師精理氣驗墓宅培心田重地不重選擇重地不重房位八篇爲地理入門之矩矱以青囊經三卷分剖節目指明門逕庶學者得正途而入不致誘於左道以青囊序奧語天玉寶照諸篇中所言元空言金龍言雌雄言挨星言城門言太歲者集論六章法雖不敢盡筆恐干造物之忌而其理其逕如道碑相指庶學者窮理得法由逕得門而辨正一書不至淆亂千百世孝子慈

孫皆不至爲邪說所禍矣是書雖管見所及可爲辨正一小補焉故顏曰地理小補書雖小補而儒者三才一貫之本源愼終送死之大事胥於是乎在

同治八年歲在己巳春月南嶽山岣嶁峯七十二主人識

一妥先靈

地理之道大矣哉讀孝經卜其宅兆而安厝之一語程子謂卜其宅兆者卜其地之美惡也地之美者則神靈安子孫盛若培植其根而枝葉自茂叉况祖父子孫同氣彼安則此安彼危則此危朱子謂葬之爲言藏也所以藏其祖考之遺體也以子孫而藏祖考之遺體則必

致其敬謹慎重之心以爲久遠安固之計使其形體全
而神靈守則其子孫盛而祭祀不絕其或擇之不精葬
未叶吉則必有水泉螻蟻地風之屬以賊其內使其形
神不安而子孫亦有死亡滅絕之禍味茲明訓地理之
關繫甚重更非異術矣爲人子者不可不先知之倘視
爲末務不究一朝臨故未免爲庸術所欺置親於水泉
螻蟻地風之中與委而棄之壑狐狸食之蠅蚋姑嘬之
者何異況人於親之生也身體髮膚無一不當保護而
親之歿也奉親之體使其形神若此不但子孫遭死亡
絕滅之禍而於人子之孝安在故重地理以妥先靈實

人子極緊之事焉先靈安則俯仰無遺憾上可以盡送終之孝下可以貽啟後之謀正蔣公所謂子孫世澤皆出其中人道之所以終即人道之所以始也聖人開物成務未有大於此者今天下之好地理者亦多矣皆知以妥先靈爲務而卒盡置先靈於水泉螻蟻地風之中者何故大抵不得地理之實盡爲庸術所欺所以庸術之害一日莫鋤則終身貽害姜氏云焉得將書付祖龍免使蒼生遭毒藥誠哉是言也故妥先靈當以遠庸術爲急務

一遠庸術

地而曰理本理學也非庸術也自古周公卜洛公劉遷
豳及子貢子宓孔林諸賢之相陰陽觀流泉與宋儒朱
蔡夫子等間相發明於性理書中其來已久即黃石公
授赤松子之青囊經晉郭璞之葬書唐邱延翰傳羅經
之用楊筠松之奧語天玉寶照諸篇曾求己之青囊序
蔣大鴻之天元五歌皆未嘗不本性理以闡明地理也
無如庸術蜂起不識性理各逞臆度顛倒陰陽變亂五
行著僞法而成書者汗牛充棟所以法遍糊泥流傳後
世各執一說彼此矛盾相爭凡江湖行乞之流詡詡自
矜或云某地得之當出王侯將相某地得之當生仙聖

理學某地得之發大富貴某地得之發大丁財一腔確
據令人趨信爭延鄉里城市造葬家無不敬奉皆思得
地安親及觀得地者十中鮮一即稍得一者皆緣遇之
耳或又有自矜知地買幾本地書竊一二淺說及得一
本抄傳作爲秘本立論後談以爲道在是矣四處購地
卒致一家敗絕者亦復不少大凡不知地者信憑於師
知地者信憑於書誰知師亦信憑於書而書出庸俗法
出僞妄悞人不淺非遇中正明師莫能革其弊若徒執
延師看書得法而不辨其爲庸術以遠之則終歸幻境
夫延師看書得法者處處有人則在處皆地師而富貴

必似水流何得反致富貴者少貧賤者多豈我會延師看書得法而人皆不會延師看書得法也耶凡好地理者其家大半或絕或貧豈竟不將先靈妥厝以爲不絕不貧計耶以此思之庸術之遣當切明師之訪又當急也

一訪明師

吳文正公曰得吉地無難得明師爲難遇明師或易識明師不易今日得明師明日卽得眞地矣蔣大鴻先生曰吉地在在有之但人不識耳若識之則山河大地佈滿黃金矣觀二公之言則眞地易得吉地亦多而明師

難得明師不多見也明師間世一出求之數千里難逢一人即逢之亦易事難悅倘忽畧不察則雖遇之仍當面失之何則明師亦山川靈秀所生不可多見而爲明師者通三才一貫之理明善惡賞罰之機與天地鬼神相質聖賢物我無間矢忠信廉潔敬謹靜讓之懷作誠意正心格物致知之學雖不能爲當代理學亦可以稱山林逸士至卜地可以改天命奪神功使貧者富賤者貴愚者智禍者福絕者續夭者壽特立獨行或隱跡山林以淑性爲功不輕洩於世即或以道行世非遇有德者不言豈江湖行乞中自許爲明師者所可企歟至於

文正公所謂明師之易得地非明師果有道眼入地而實明於理氣作用耳今之言地者皆謂龍穴砂水外無別裁而明師非不認龍穴砂水其中翦裁妙用人所莫知故楊公有隨手拈來皆是妙用之語故明師不定在龍穴砂水上見欲訪之遇之不掃開一切庸術所論龍穴砂水俗見終不能識古語云世有楊曾方識郭璞未有淺陋而識高妙者也明師在理氣作用欲識明師當精理氣

一精理氣

理一也太極也氣二也陰陽也陰陽二氣生化無窮不

外一極之理以爲歸所謂理氣是也生天地者此理此氣生萬物者此理此氣大而宇宙無不包小而微忽無不綱非聖賢理學莫能洞其微凡言地理者不能外此蓋地理之重理氣者原地處天中塊然一物周圍依天元氣充塞乃得懸空而不偏墜山川形體皆氣所結成萬物生死皆氣所轉運故明師之言地重理氣不重形勢者此也若徒以山川之形取地是猶以容貌取人地理即天理二理皆陰陽二氣所成也富貴貧賤智愚壽夭皆禀乎氣幾多富貴壽智作大經濟之人而容貌不堪幾多貧賤下愚而容貌爭美幾多吉福之地而形勢

醜拙幾多凶禍之地而形勢美麗此中皆氣寓之豈庸術輩所能知且人之體與地之體皆死物耳人之體有氣則生無氣則死地之體有氣則靈無氣則絕而人依氣賴以立身地依氣賴以生物是人與地同一氣同一理也況陰陽之氣無地不靈無地不毓春生夏長秋收冬藏氣之運應內外莫不皆然不過有清濁厚薄大小深淺之分苟能深得其理隨地求之在在凝結而成一箇太極雖山水散漫其生機自然流露於外若不深究其理則陰自爲陰陽自爲陽陰陽不耦雖山水團聚焉有生機所以禍福殊塗只間一髮都在一氣一理之中

倘視爲誕妄則靈驗昭昭有所考證故精理氣者宜驗墓宅以分眞僞

一驗墓宅

驗往知來不易之理前事者後事之師欲觀後事當監前事所以驗墓宅爲精理氣者之明徵假使延一理氣之師及得一理氣之法驗諸墓宅大小絲毫百發百中者而後可以據爲實如不符者不可信也或有十之一二分三四分五六分相合而又驗諸此不驗諸彼者亦不可的信也須再訪明師拜求正授即或不能遇明師而得正授當擇其所延之師所得之法孰長孰短去短

從長亦可免多誤此驗墓宅一道乃地理中一大明鏡任他諸家理氣及江湖庸術煽惑自稱明師者一絲形影莫逃余之擇師得傳常以此鏡爲握每遇後談地理者均不能瞞過但驗墓宅中有三弊不可不察有等術士驗各種奇奇怪怪之事令人驚倒求其丁秀財官大本與應某運某年大禍福則無一靈此一弊也有等術士先暗探人家虛實使試之開口如神及驗覩他人墓宅不效此二弊也有等術士獨驗一二三墳甚的而至於祖山數十墳間不能分其盛衰此三弊也皆不可信或有稱以斷墳下穴則穴必敗以下穴斷墳則斷不靈

此只可爲術數者言不可爲眞道者論昔吳景鸞下盧氏地預知選妃其後於前砂作九堆臨選遂發九嬡世稱爲九嬡夫人祖地葬德彰下樂平王氏祖地預知半夜敲門送契來之應劉永泰下永康徐侍郎祖地預知一二代貧三代有讀書四代爲官五六代科甲聯登之應吳景鸞下朱夫子祖地預知道學世流芳及前有記云當出一賢人聰明如孔子上古明師記驗筆莫盡言須細心體認而得地擇師授法雖有覆驗以分眞僞其實皆從心田中培來

一培心田

昔附保孝而牛眠應滕公賢而佳城出自古得吉地者未有不自心田中培來故諺云有天理即有地理有心地即有陰地此言良不誣耳人欲求吉地當先培心田大本既立諸祥畢至天佑人助不勞而獲若不培心田祗圖人力而冥中阻隔使之顛倒本訪明師反遭庸術誤之本求正道反被邪說惑之蓋吉地多奇怪隱拙天留以錫善人凶地多美麗顯露天降以罰惡人自古及今未聞有吉地而惡人葬之即偶遇必有間隔而不能葬即葬之天必絕其脈氣而代卜者亦必遭譴昔范越鳳獻白日飛仙之地與託長老獻大地於薄德者均被

雷擊或曰如所言則地理培心田足矣而訪明師精理氣似不重亦可余曰有此心田自有此明師理氣報無此心田必無此明師理氣報若徒重心田而不重明師理氣豈心田能言地乎不過有此心田鬼神默召明師理氣易訪易識耳昔朱子祖地乃吳景鸞偶合所指非朱子祖有大德焉能得此或人子能十分孝思訪明師精理氣卜地安親得有此遇亦未可知苟徒思獲福訪明師精理氣而不培心田豈非一腔妄想至欲培心田者宜體貼感應篇陰騭文覺世經三篇內教戒一切可行者勉力行之無起慳吝翻悔心且不得暴一寒十若

務名不實反爲得罪天地然培心田者不一致有先世種德人人共仰而後嗣復能繼承先志奉行衆善此可以得地者也有先世作惡人人共惡而後嗣乃極力幹盤克蓋前愆此亦可以得地者也惟有一等先世存心田獲吉穴致富貴而後人祇知坐亯不知繼續培植或更造作惡孽若此者現在吉地天且奪之遑問繼起乎如唐時李登陸仲錫命本狀元因犯淫過削去遂至潦倒終身又有一等隱惡之人卜地安親待師極知隆禮而又滿口仁義師莫察出爲之獻地不知爲鬼神罪如楊公本明師洞察賞罰之機在處州相一四代宰相地

有李姓者官龍圖學士待公優欲獻之是夜夢二卒拘至府座上一神責之曰汝錯用心機李涖政貪虐焉得此地汝妄指必受天譴楊受薄責謝過出府神復呼曰不出一月李有大罪汝其識之未幾李果被劾棄世抄沒又有仰思忠者為六合府尹林克正福建卜地畢林之姻迎之仰隨獲一吉穴將點忽大雨阻之是夜仰夢山神責之曰此人為官貪虐不能得此汝若違天必有大咎仰覺與私詢之果為考官賣舉他惡不可屈指乃託故辭去後其家與巨室爭墳搆成大訟家業盡傾由是觀之為明師者可不慎歟又朱文公令崇安有小民

謀佔大姓地預埋暗碑數年矣以強佔訟官公親勘之果山明水秀意必大姓佔村民也及啟土驗界又得暗碑遂決意斷與村民後公退隱悉其情始知大誤復至其地益見其美乃拜天祝曰此地不發是無地理此地若發是無天理是夜天大雷雨明日視之塚已成深潭矣壞心田佔吉地者當爲炯鑒然則心田一端思得地者所不可畧者也

重地不重選擇

選擇一道禮載內事柔外事剛趨吉避凶不可不重而吾必謂不重者緣術士以無稽之說誤人是不得不重

地理而輕選擇非輕選擇實辨術士之用心耳今之術士統稱地理而地理之正理尚未夢見只知看巒頭以龍穴砂水前照後樂左環右抱爲是看理氣以長生納甲九星水法爲是而水泉螻蟻地風之屬不能考其的富貴貧賤延絕之應不能知其由卽選擇一道又不肯論理看書只遵師授之法莫辨眞僞一切無稽之煞概遵信用每葬家延之不問地之好歹只說今年某山開某山不開卽問地之好歹不過前看巒頭理氣之法加之總在某山開不開爲主開者卽無地亦選日不開者雖吉地亦棄之或一不開者雖不棄使其停喪有年、不能停者使其借向及觀其選日首避亡命諸空亡沖尅等日次避各祭主沖尅生命等日次避山家正陰府天星地曜天地燥火消滅黃泉李廣箭日流太歲某何尅山等日次避日家三喪重喪破開重復等日方合迎合之法選課而迎吉之法眞僞數十家各有取用非一筆所能盡之以此選擇若祭主生命少猶有可卜而祭主生命多只有六十花甲避得亡命祭主山家日家等忌所剩無多焉能合得迎吉之法其稍合迎吉之法者而山向又不開是一吉終難得就只得久停不葬緩延卜取以此思之似以父母血肉之軀爲子孫買富貴之計況

人死氣歸於天形藏於地焉可久停是以先王製禮天子七月而葬諸侯五月而葬大夫三月而葬士人踰月而葬未必先王制禮不知筭忌而使人陷於火坑者必無是理更可哂者親沒時惑於三喪重喪諸空亡日時恐犯之將袋米通書桃亡者頭謂此術可延時日不知生死有定數豈術所能移况大丈夫視死如歸今以術行於親是陷親不得爲大丈夫也或術不應而正犯之則哀親死甚薄而憂此犯甚深謂親死犯煞子孫不能討衣食及憂喪服之禍來更有恐人談論將沒時更改者不孝之罪自開何堪試思三喪重喪諸空亡日時誤

犯者多而靈者甚少或有不犯而亦有遭此禍者人之禍福由命豈一小說可能奪我之命乎此皆無禮之談不可遵信或有執俗說稱世間無好地只要年月日時利者人人附會何不明理至此若謂世間無好地歷朝人文蔚起皆是山川靈秀所鍾豈年月日時之吉所能生者若年月日時之吉可以造富貴無論天下即以省郡言之省郡一日之葬不勝屈指皆請地師選吉課雖未能獲全吉而亦吉均得之何以富貴少而貧賤多乎推論天下亦莫不如是即觀富貴家卜葬延師甚衆而師各出大手段爭色選成大格大局吉宿無所不迎凶

煞無所不避而貧賤家卜葬只憑一師所見或極貧從權若附會此說則富貴者世世富貴貧賤者代代貧賤何得有富貴家得此吉課而反致貧賤貧賤家不得此吉課而反致富貴者以是觀之果是年月日時耶抑是地耶爲人子者不可不察然而年月日時非不重而所重者在於得地安親不爲道路溝池耕犁所及不爲水泉螻蟻地風所賊不爲貧賤夭絕所災方可卜年月日時又不可拘執三煞太歲五黃歲破官符等煞因而錯過吉地即犯之取天星吉辰及制殺之法壓之若亡命祭主山家日家等忌更不可拘信

附辨借向謬說

楊公云向首一星災福柄自古明師明者明此一向字即諸家言理氣法雖僞亦是重此一向字向得好富貴福壽生焉向一錯外則貧賤禍絕內則水蟻地風絲毫偏正災福頓異可不慎哉今之術士向首災福莫問只說今年某山不開宜借某向不知借得着可以無恙若借不着內以賊其骨外以禍其家大凡借向者皆是橫立借得着者少借不着者多誤害不淺或曰借向從權耳不過一年二年而已何災福之速哉不知災福有元運太歲存焉遲則一元半元速

則一月半載而水蟻之侵更速如火或曰山向不開奈何不知山向不開乃歲破三煞五黃所佔取天星吉曜及五行化煞之法可以轉禍爲福惟望仁人孝子莫信斯術

重地不重房分

地理諸家論房位有以左屬孟中屬仲右屬季有以右屬孟左屬仲中屬季有以胎養生沐屬孟冠臨旺衰屬仲病死墓絕屬季有以乾坤艮巽寅申巳亥屬孟壬丙甲庚子午卯酉屬仲乙辛丁癸辰戌丑未屬季有以震巽屬孟坎離屬仲艮兌屬季各說不一謂某位失陷即

損某子而豈知房分在元空大卦長少中男各有胎之
訣不似諸家泛論今之泥諸家者往往兄弟居多爭執
偏損屢困親骸不葬棄置一切吉地而卒之誤葬凶地
同歸於盡可不哀哉更有先世祖父母已安吉地被彼
術士一言禍中某房不利遂至改吉變凶衆房同絕或
人衆執阻竟致滅倫鬭訟私盜喪良等禍害人毒人之
談不可不辨若執諸家以房分相地宜四圍羅城山峯
齊列方均其位如有一缺則某房不利楊公云世人只
愛周圍好不知水亂山顛倒枉作聰明害世人福未到
時禍先到之語則取四圍不缺者依諸家可均房分而

楊公則反以爲禍遵諸家即遵楊公即若遵楊公既有禍安有能均房位之理況諸家俱無的旨是不足信也又隋文帝有曰我祖地不吉我不當爲天子我祖地若吉我弟不當戰死此言吉地房位之不均者須識天傾西北地陷東南天地且有缺憾何論房位乎大凡不均房位者中有天意非人可強爲須培心田以俟之若區區於此陷親骸久困匪惟求房位之均而不得且益致不孝無所禱也更有一說房分之出於元空大卦者本有效然亦祗效三十年前不能效三十年後假如得一吉地葬親應發仲子敗長子三十年前效矣至三十年

後或長子沒得吉地葬之則長房轉禍而為福矣或仲子沒得凶地葬之則仲房福消而禍臨矣或長房仍葬凶地仲房仍葬吉地則種豆獲豆種瓜得瓜理自不爽抑或並葬吉地則前之禍者不見其禍前之福者益見其福總之房分之不均皆由於心田之不一俗云一母生九子連母十條心孟子曰禍福無不自己求之者故房分之不均實房分心田之不一天公報應之所滙耳夫吉地未必絕無十全特以結十全者數十百里罕逢一穴人必欲求吉地以均房分惟有同心同德各葆心田培植本根庶乎可得而得又不在諸家泛論中明元

空大卦者可以知其微不明元空大卦者亦憑心田隨緣聽天自有鬼神默護如是則不求房分之均而房分自均特此辨明偏重房位者盍反而內省諸

挨星水法歌訣

子癸並甲申貪狼一路行壬卯乙未坤五位爲巨門乾亥辰巽巳連戌武曲名酉辛丑艮丙天星說破軍寅午庚丁上右弼四星臨本山星作主翻向逐山行廉貞歸五位臨星順逆輪吉凶隨時轉貪輔不同論更有先賢訣空位忌流神翻向飛臨丙水口不宜丁運替星不吉編起亦滅門運來星更合百福永駢臻衰旺多憑水權

衡揔在星水兼星共斷妙用許通靈

註挨星者每元合星到宮合星者每元當旺之三星也如壬山起例則以巨丙祿未文庚廉申武戌破壬輔丑順推子山則以貪午巨巽祿卯文艮廉申武子破乾輔酉弼坤逆推餘山順逆倣此以當令之星飛臨水口吉水速發即凶水亦不見凶惟貪最吉不隨年運互異蓋貪乃九曜之首其吉大而且久遠勝諸星輔弼亦妙故曰貪輔不同論也

玄空拾遺七律十三首

諸儒談易亂紛紛只見繁枝不見根觀象徒勞推互體

玩辭亦是逞空文須知一本能雙幹始信千兒與萬孫

喫緊包犧爲人意悠悠千古向誰論

其二

滾滾洪濤勢矗天初穿混沌此爲先一方停蓄分餘潤

八國周行貫大千單道結成樓鳳渚雙流按作鎖龍淵

條條血脈皆聯絡顧我悠揚是福田

其三

大形大勢帝王都分派分支府縣圖定國必須環衛厚

建州端賴氣行孚犨流合處成村落眾壑歸時轉軸艫

也與山龍同一訣要爭氣象看規模

其四

與君索脈有眞機不是時師老鉢衣但向六成尋首尾
只憑天一究玄微尋踪漫把蛛絲捉問祖休將馬跡疑
另有一般親切味黃金大地滿光輝

其五

大脈汪洋是出軍眞龍住處在支分仙機未洩從何測
正訣無傳那得聞但把縱橫施妙用一逢經緯幻奇文
平洋授受非容易洗耳淸心說與君

其六

星辰無禨喜無嫌未得乘元恨又添顛倒皆因三甲轉

陰陽只向九宫占洛書依次分行繞河圖憑翻遞位遷
不是庸師膠柱法靈機看取當時拈

其七

九星入用在當時進退須將歲次推運到震方佈兌位
元歸坎治南離翻宫逆取收全吉順甲輪排纈大奇
百八春秋三反復任君挨到萬年基

其八

上下三元已發裳近身接脈斯能工多情處處皆開面
得勢方方盡鞠躬一曲廻環堪駐足四圍圓滿致和中
拘拘板坐眞兒戲千變由來未可窮

其九

正情正坐穴情憨格局天然意未甘半有半無休用着
邊輕邊重不須貪水纏論水拘砂斷砂抱論砂撇水探
砂水莫將來混合須防公位有差參

其十

先生當日訓兒曹委委原原覆處播怎奈流傳成亥豕
到今授受總皮毛尋龍索兌粘斜眉頂脈騎龍喫剪刀
經緯不知胡作穴無情無味失風騷

其十一

逃墨歸楊術已更如何荆棘又重生迎砂索脈痴如夢

對溺尋源龐未痊糟粕鑽餘皆土飯淵流失郤盡塵羹
不經明眼來參透是是非非日戰爭

其十二

五湖四海與三江同異都歸印板腔錯解居然能惑世
疑團那得不迷邦傳來消息皆膠柱繡出鴛鴦是釘椿
更有何人開混沌杜陵復起教心降

其十三

蔣歌萋註語喃喃悟徹元微了郤凡按圖無詞皆可抹
索驥僞說槪宜芟輪挨要倸三般訣顚倒須看兩卦翻
五曲雲陽暫留世杭中肘後作珍班

玄空訣曰

大玄空妙無窮排六甲運九龍來何地落何宮顛顛倒順逆行坤壬乙是巨門巽辰亥武曲名艮丙辛是破軍甲癸申貪狼行天心動九宮更是巨門非巨門非巨門是巨門雙雙起無定名通變化都是春

五行發用

地理本形家言謂即形察氣也自大極分陰陽陰陽生五行五行生萬物萬物皆本於大極大極無形者也陰陽亦無形者也至於五行乃有形象在天成象則分歲熒惑塡太白辰之五星在地成形則分水火木金土之

五行凡此五行民並用之而大地渾土也人生於土歸於土故卜居卜葬視土而已夫土一耳起而爲峯巒旻而爲岡阜衍而爲平原古之哲人知五行之中復有五行爰即土之生相以别爲木火土金水之形論其生尅制化以立尋龍點穴之法是爲山家五行

五行歌曰

地理先須辨五行木直火尖土宿横金員水曲各成象

千變萬化此中生

天地之道不外五行而已五行之中不離生尅者也

有生即有尅不尅則不生不尅不生不成乾坤生尅

制化不但能穴之妙用卽天地之妙用也

先後天發揮

天一生水於五行屬陽極清之象在筋絡爲大陰其色黑其性智旺於冬爲秀星此星宜化氣不化反爲蕩星

地二生火於五行屬陰大清之象在筋絡爲大陽其色赤其性禮旺於夏爲祿星此星宜化氣不化反爲凶神

天三生木於五行屬陽清濁之間在筋絡爲少陽其色青其性仁旺於春爲文星此星宜化氣不化則爲愚宿

地四生金於五行屬陰清濁之間在筋絡屬少陰其色白其性義旺於秋爲財星此星宜化氣不化反爲頑金

天五生土於五行屬陽極濁之象在筋絡陰陽之間其色黃其性信旺四季爲財星此星宜化氣不化反爲臃腫

此先天五行爲水火木金土論陰陽相生之理其次序本於箕子之洪範至若歷家五行又爲木火土金水是名後天五行其相生次序以後天爲主木生火火生土土生金金生水水生木生生不息變化無窮更有木位於東金位於西火生於南水生於北此歸垣之五行也即是春木夏火秋金冬水季土此當旺之五行也而土位於中央寄於四立節前各旺十八

日卽辰戌丑未四墓之位列四季之末一月六氣一氣五候合之則爲七十二氣乘氣放棺本乎此也

木星發明

木星不一有立木有倒木有曲尺木有交枝木有天梯木有春笋木種種木星難以盡述又有行木兩格一是有脈有毡一是無脈無毡更有拋梭走馬之變格或是三個成品字或是八個成一字均合三八爲朋之數然拋梭有脈絡走馬多穿泥如此行龍必結貴穴不如此不見其巧妙也但純木亦不住龍須看其前去變化如何若有變化亦能結地天梯龍多結木花花蕊兩穴或

結眠木扦節外有一林春笋多結沖天額門至若萬笏朝大滿床牙笏叢木成林多是貴龍祖山須穿重金乃結穿火則焚斷不能結天梯龍宜穿四九長帳其穴或結崇山峻嶺及登穴但見山頭之清不見山脚之濁此等地天光發新別一世界其後龍飛鵝帳一節高一節共穴星多在中央小枝人但知踏逐帳角盡頭而不知幹龍正氣已鍾於此也

龍格發用

梧桐枝其帳對節而開有此坐帳貴不勝言其穴多結於偏旁所謂梧桐葉上偏生子者是也芍藥枝一前一

後參差而行其脚則是員體其穴多在中間所謂芍藥枝頭結苞生者是也蒹葭枝亦是參差而出其脚尖利似火則與芍藥稍異耳楊柳枝邊有邊無其穴則在花心所謂楊柳枝頭出正心者是也若楊柳枝變捲簾格亦不亞於梧桐矣又有楊柳帶遊絲者此格更勝於捲簾矣水木兼行曰蘆鞭蘆鞭者狀元所執之鞭也其左右有花點水曰蘆花點水或一二節曲折梟動此格最貴他如八字杷梓個字諸格亦結丁財小穴更有玉梳鞭玉絲鞭兩格亦是楊柳變體其脈中出大富大貴凡龍有四落四結四落者初落腰落末落分落四結者正

結附結散結掛結正結爲上其餘次之帳之貴者無如連城土帳此帳定主列土牙茅其餘芙蓉帳蓮花帳次之金水重者必藉火以溫之火大勝者又宜水以制之水火者生氣之根本也無水無火亦難速發

水木剩言

凡水多木小則爲漂木火多木小則爲枯木土多金少則爲埋金均不可下強下卽敗何爲枯木其木風刼氣散又無水土生養故爲枯木何爲漂木其木孤聳水盛又無土金培制故爲漂木若木盛而間出些須之水火則可以助木之秀發木之榮亦結丁財富貴之地不作

枯漂論矣

按地理五行以木為先者何也木居生氣之初也經曰葬乘生氣猶是氣也何為生氣取其在天純陽之元氣也此氣因物而付於四時則為春於五德則為仁於七情則為喜而在地則成形形中蘊理理中寓氣以氣測理故曰地理夫理則備萬事萬物而氣則有生旺收藏分而言之木為生地火是旺地金收而水土藏也藏骨於土得其生氣生氣者即一元之氣而貫於四時者也仁備五德土居中央人死返本歸根復命即是乘旺收藏總以乘此一元之生氣也惟

木得氣最先故言地者先言木理固然也惟木生幹生枝其生氣卽現於枝葉山河大地亦如木之有幹枝故如木也惟木自勾芒以至發生由一節以至千尋而山崗行度亦論節數故如木也惟木投核地中本立自然道生至於成實結果仍歸本體而地理山岡行度是何出身到底歸其故相故如木也惟木自根達杪現成一幹之體山岡亦合初中盡以成一局故如木也惟木有心自內達外紋理周密穴中內暈亦周密旋紋故如木也故言地者先論木知此則山川性情思過半矣故栽木者取其直遂看山者取其

曲折詳其拋閃此則不如木而如龍故言行度者必稱龍木之生氣發繁華蕐花結實無大分別而山之結作必取一局之專精此則不如木而如人人分男女其爲天根月窟一而已矣

火星發明

獨火星焰天火星鋸齒排雲龍樓鳳閣寶殿龍腦鷄冠廉貞皆火之名火之異於木者因其尖之多焰耳舊說鳳閣獨火鷄冠純火龍樓者火木兼體寶殿者火金兼體鋸齒者土上出火鷄冠者金上出火龍焰者水上出火列炬者木上出火蓮花者純火無兼已上諸火皆主

大貴凡帳背指後龍而言亦有外陽出帳者其貴亦同

金星發明

金星特立其高者不知幾千萬仞其低者數十餘丈絕無依傍拔地而起此是最貴極爲難得藉爲少祖必出安邦定國之臣或方土上出高金亦產席珍待聘之人龍身有此主出大封大拜若土星不正其貴次之高金生在雲水之上又名日華雲爛如果金端水疊當出名士大賢若品字離立中間稍高兩肩員者爲寶蓋三台兩肩聳者爲華蓋三台兩肩平者爲冠蓋三台其脈中出貴應三公

按金星帶土脚出水曜或火曜則有化氣常作美穴或富或貴定不爽也亦有蜈蚣節龍前去開張穿心然後作穴亦主大貴五行變化方有生氣至若純金純土純木定不作穴然生民衆矣又安得人人而得美地乎惟土星平穩得土得局丁延食足故居民數萬不患無葬所者以大地本多土也亦當察泉脈觀土色察泉自有脊氣褶水可憑惟土色最難拘定亦有局勢完好而土色粗惡者葬之必敗此事土人亦知之凡地内生沙石沮洳浮鬆冬乾夏濕之土皆爲敗氣斷不可用若掘得紅黄凈土兼之局勢完美乃

可葬也此說爲編戶掩埋者言也然眞龍眞結自有
不易之穴亦不以土色爲憑

旗星發明

凡旗皆火所生無火不成旗旗有多名有蓋天旗其旗三火峙立有門旗有走旗其旗六火列案前高後低如門兩扇也有走旗將卒之旗也一排向前六七星一個低一個也有報捷旗此旗三火峙立其尖向內有戰旗此旗四火向前一高一低有降旗一正兩歪前歪後正其頭倒地故曰降旗有賊旗其旗破碎上下雜亂故曰賊旗有延山火其火不正也亦名賊旗火星形多露骨

近則刺面徒刑若遠在天表又為文筆高照火頂無焰其性最緩貴而不武亦無大凶凡是火星佈置七八十里遠望一片尖山登之則有方員曲折邱壑之勝此火焰轉動也時師徃徃與人扦葬立見凶禍得平土者衣食平安尋祖固宜登頂踏脊若立宅扦墳宜遠山谷火焰切莫向此着眼要之深山大谷總宜取陽去陰脫盡山谷殺氣方可尋穴如見木火龍木火穴木火曜木火朝發速敗速亦主貴而不壽

星辰裁穴發明

楊公曰觀星裁穴始為眞不論星辰是虛誕誠哉是言

也葢地理全以生尅制化爲主龍有穿生穿死之變化
穴有依母依子之宜忌連氣則化方可用事更有破母
尅息之法即如土生於火火盛則土燥金雖生土土重
則埋金木爲土殺亦爲土官水土常合爲一水土互有
防制土能爲福亦能爲禍水火生人亦能殺人全在星
辰制化乃有生育之機江湖行乞之輩生尅且不能知
豈知砂有福刼官賊之辨耶

金水再註

廖公秘旨云凡金星若不軟肩開窩即是天罡頑金
葬之主凶每見連金多結虎形前無小堆則爲餓虎

蔭貴之時不可饗祭金星高大而硬肩者即為天罡金此星多主暴惡如穴美者必須鋤其兩肩使其金帶水相方可扦之一切水帳奇數者多偶數者少若變偶數其脈必透空而出乃為正脈

木火行度發明

凡眞龍行度必備五行而出五行不備不可謂龍五行連珠相生本是正理然山川多奇異不能在在如此若求其次亦必三四星相間而行其不全者外纏補足亦可有此行度則人財富貴均可操券而得也歷考先哲名墓其行龍五行無不生化而出其一往而盡者若非

帳角定是鬼尾俗士逞城踏帳以此爲龍及至窮盡不能作穴則於城角扦穴妄云法葬誇封說拜往往陷人於絕悲哉木火相得謂之木火通明然火前起木謂之發火木火下出木則爲助火木皆於木有損也凡木穿金未甚者尙有萌芽生機穿火卽成煨燼之木無復生機可望也假如一林春筍其峯頭帶石火曜者又爲秀氣謂之木吐火華反主大貴若火重木輕卽爲炬火不復言木矣若木行陰道無火亦不能發或帳角出火或朝案列火皆爲木星所喜也凡木穿金倒地出土重者則爲朽木出水勝者則爲漂木出火勝者則爲焚木出

重金者則爲碎木如龍長格局亦好無穴可搜故出此截木之金以止傍泄之氣切宜大開眼孔勿走錯路耳凡龍皆惡順水而木星尤甚若順江順溪而行郤極文秀而家貲終薄若逆結者則爲幹結此穴先貴後富

一個排來千百個解義

一部辨正洋洋灑灑不下千萬餘言只有陰陽消長往來進退數字可括全書之旨古往今來陰消陽長此常理也有時陰以變陽有時陽以變陰陰陽不可拘泥今與古違古與今異古今亦無常格故一個變出百千之名此挨星之秘鑰也總之星辰各有界限山有山之星

辰水有水之星辰其體則全其用則忌故楊公大聲疾呼曰莫把星辰錯也知此則頭頭是道又何患龍向水之不合法哉此中奥妙惟在太歲兩字細看何星臨於太歲即知陰陽兩宅或盛或衰或吉或凶再察年月與廢房分偏枯皆可立地分明其訣莫不由於本宮星辰立極尋出何宮生旺何宮衰敗逐一了然胸中乃知挨星金丹眞可以趨吉而避凶也

正五行

水生木又生氣火生土又生計木生火又生羅金生水又生孛羅生計又生土氣生羅又生火孛生氣又生木

土計生金金扶月金水孛扶日水尅火又尅羅木尅土
又尅計金尅木又尅氣土尅水又尅孛計尅孛又尅水
氣尅計又尅土孛尅羅又尅火火羅尅金木氣薇日土
計掩月

變五行

水生計又生羅火生木又生金木生土又生月金生月
又生土土生水又生氣計生火又生孛羅生孛又生火
氣生羅又生計孛生金又生木月生氣又生水水尅火
又尅孛火尅土又尅月木尅水又尅氣金尅氣又尅水
土尅計又尅羅計尅木又尅金羅尅金又尅木氣尅孛

又尅火孛尅月又尅土月尅羅又尅計太陽至尊獨不與焉

正五行之變

木正旺則畏金太旺又借金以成其器火正旺則怯於水孛大旺又借水孛以殺其威土正旺則憂乎木氣大旺又借木氣以疎其硬金正旺則嫌於火羅大旺又借火羅以化其頑鈍水正旺則妨於土計太旺又借土計以防其浸淫且寒日偏替於金水而素月獨降於火羅摘奧經云冬水輔陽水借光煖而太陽則凝寒矣主尅父夏水輔陽陽借水潤而水則枯涸矣主短壽耶律楚

材云如木爲財而在春春木本旺而逢生不幾生之大過乎以富斷之則悞矣蓋春宜逢金夏宜逢水秋宜躔木冬宜躔火反是非天地之中和恐不免於貧命主等星亦如之再以月論春月火羅照之不明不燥金水扶之有光夏月逢金無益值木亦損不惟土計是凶即火羅亦難惟水孛扶之斯元精不散秋月獨畏土計不妨獨行亦喜金水以助華冬至失之大寒金水孛皆忌火羅相炤爲美合此二書觀之一一皆可類推

變五行之正

五行之變變於十干化祿也甲火乙孛丙木丁金戊土

已月庚水辛氣壬計癸羅其中自有正理存焉竊嘗從元星天道立極之圖及元星仰觀天文之圖而究極之日月麗乎天日午月未地勢起於北子丑皆土天道左旋寅配春屬木卯配夏屬火辰配秋屬金巳配冬屬水地道右轉亥配春屬木戌配夏屬火酉配秋屬金申配冬屬水惟子丑合而屬土故戊歸丑巳歸子寅亥合而屬木故甲歸寅乙歸亥卯戌合而屬火故丙歸卯丁歸戌辰酉合而屬金故庚歸辰辛歸酉巳申合而屬水故壬歸巳癸歸申寅卯辰巳皆陽位也陽居陽位故甲丙庚壬居之申酉戌亥皆陰位也陰居陰位故癸辛丁乙

居之子之視亥戌酉申乃自酉而正北陰之極也故巳
居之丑之視寅卯辰巳乃由北而東南陽之始也故戌
居之丑爲土之初基巳爲土之中位故土歸丑計歸巳
寅乃火甫見之方申乃火將滅之地故火歸寅羅歸申
卯爲木之盛酉爲木之衰故木歸卯氣歸酉辰爲納水
之府亥爲出水之區故水歸辰孛歸亥獨金好殺而天
地好生故藏金於戌幷使無餘氣也午爲日位日居之
未爲月位月居之月固借日之光以爲光必衝對始望
日既居午故月亦居子此甲火乙孛丙木丁金戊土巳
月庚水辛氣壬計癸羅之所由化也金無餘特專列一

宫水木火土孛氣羅計皆以遞生至於甲與己合月借火煖乙與庚合孛資水勢丙與辛合氣叨木蔭丁與壬合金賴計生戊與癸合土用羅恩午與未合月藉日光蓋化祿之合適以相成如此子午冲而犯君丑未冲而掩光寅申冲而炎燥巳亥冲而尅害卯酉冲而侵陵辰戌冲而洩漏蓋化祿之冲實以相虧如此或又曰巳加子子爲寄宫月方明子宜從月月在晦子宜從計二者必并推而得之姑存其說以俟好學者若夫戊甲丙庚壬爲五陽五陽各與正財合癸辛丁乙己爲五陰五陰各與正官合是尤見合之爲義大而化祿之體精用博

也

右將元星天道立極之圖元星仰觀天文之圖依

元星一書開載於左

羅氣金孛　　[羅癸][氣辛][金丁][孛乙]

月[元星][天道][言月]　　[陰太][元星][仰觀][月己]

日[立極][之圖]土　　[陽太][天文][之圖][土戊]

計水木火　　[計壬][水癸][木丙][火申]

日

大陽者君象也用天下之星而不爲諸星之用無遠弗

屆無幽弗燭不分晝夜不分南北其光烱然其氣勃然

凡星居日之前後謂之內夾居日列之最前最後謂之外輔必值四餘乃止近日自一度至十五度內謂之密自十五度至二十度外謂之疎衆星密獨一星在遠謂之特羅計閒隔一星朝日謂之間二星共一度輔日謂之疊一二星近密謂之聚昔人有歌云疎中外輔密中密不中密兮即中日衆密出特特上取特不如間陞階明疎密只就日邊說數者又不如一疊疊日疊輔皆登第經緯連處可登雲聚處逢之魁南北遇日須遇日度數日度亦是度末年此雖專爲科第而言然由其意推而廣之則固一一應之如響矣嘗見命主及吉星夾輔

大陽者不爲公卿亦作侍從臣且行至日度或由督撫內陞正卿或出正卿晉爵宰輔比比皆是若與日氣不通縱使吉曜有情亦不過外任而已更有近君之員一交木度其象薇陽非主眷稍衰即退居林下或由京官外放或降罰重重更有候選及候陞出差等即使限度果利必是年得大陽照臨或流大陽沖鈞大限之月始能有獲若傷煞在日前後及與日有關會即難宦遊宦遊亦不能見君見君亦不得優旨且恐終於貫禍如命主是金火羅拱夾日或火羅同纏日係春夏生人遇日度必死命主是火水孛輔日雖係春生人遇日度亦死

餘倣此

月

月到中秋則分外明凡在上弦以迄於望謂之得令有權在下弦則光短而力薄在廿七至初二畢竟無光若與陽合朔之前後七八度內生人以月為命主大壽不永倘月躔土而遇土計掩蝕或土計躔四月度則自其母以及其目皆主不利

五星四餘

五星臣象也一遇日即遲留伏逆遠於日則見譬之王者出身諸臣趨避俯伏王者遠去諸臣即逞顏色怡怡

如也吉以此分喜忌凶以此分喜忌但吉星與命主在
陽前又喜其逆逆則其氣轉親在陽後又忌其逆逆則
其氣轉疎凶星反是耶律楚材云難逆用伏凶災不能
解救文伏魁逆吉祥又難弁髦主伏不顯倘逢難亦可
斷吉恩逆不祥倘生主未可談凶誠哉是言推此可以
廣驗至於春木得時一望亦當情適冬水失令已過始
能神怡亦自然之理木吏土戶火禮金兵水刑司空皆
歷歷不爽四餘奴象也主旺則竊主衰則救奴統於主
行主度即作奴度行必謂氣羅之貴金孛之淫土月之
迍火羅之燥單孛爲拗單計多謀何其妄甚

文星

五行相濟而成甲見羅其色青赤乙見計其色碧黃巳見氣其色絳青丙見金其色赤白丁見火其色紫赤戊見金其色黃白庚見木其色白青辛見土其色栗黃壬見日其色黑赤癸見月其色綠白發皝星祥含輝吐秀獨不以水孛為文者其無盾也

魁星

陰陽和合相生而成甲月木受水生乙日木生火丙羅火生火丁計火生土戊火土受火生巳金土生金庚水辛孛金生水壬氣癸木水生木藉勢向榮憑權抒采獨

遺土者以土性混濁之故

望龍經　吳景鸞著

論龍之法至星辰幹枝格局俱備似於龍法已無餘事矣然求地者必遍歷山岡以辨其星辰格局遍踏一方山水以分其祖宗枝幹而後始得一地焉則覓地者不亦勞乎況何山無星辰何山非枝幹覓得一枝又未必結乃顧而之他則亦拙之甚矣於此有道焉每登一山不數節便知其結與不結不結者其置之其結者則求之既得其穴於是步其後龍辨其星辰以証吾穴之眞僞辨其格局以定吾龍之貴賤辨其枝幹以知吾龍之厚薄輕重焉蓋星辰格局枝幹

之外有一妙道以先之也得斯道者其求龍得穴如由基之射一發便中如俊鶻之搏一擊便獲巧而甚逸斯道也具備斯經宜精求之

龍法先觀大祖宗龍臺寶殿弧角同聚講星辰合五九辭樓下殿發成龍火水金爲起伏脈伏如蛇渡起天中木金水土星相間配化方爲上格龍龍若無水不能生無土貴不至三公水口四凶星出回亥戌砥柱北辰同合此乃爲大全局五侯九相出其中中等貴龍之態度列屏列帳好尋踪或若飛鴉并舞鳳水星相間是眞龍獅象列捍門龜蛇見潭洞此爲中全局九卿台省鍾州

縣人材小貴地交牙水口落河生入山尋龍體穿落傳
變機穿者平過弁穿帳自高而下落者是傳者子不離
其母出脈過峽龍相類變者三五變化生大山變小粗
生細那枝虛花那枝實只在陰陽化氣覓心腰中出爲
陽脈前去定結眞奇穴貫頂飽面陰死脈只作應樂羅
城列先認五星行度妙訣看陰陽化氣變金木火屬陽
水土二陰曜陽龍行度又化陰陰化陽乃爲眞兆陰陽
不變不融結純陰純陽定絕滅又有山頭看九星巨祿
天財土屬陰貪狼紫氣是陽木金水文蕩陰水眞燥火
廉貞陽火是罡孤武太屬陽金三五共合一大極陰陽

名水土星開金木火高山龍法此爲眞臨江湖海山將盡行龍多是水星形中開金木火一開卸落結穴在低平如無化氣定不結這般蕩體不須尋又有平岡訣陰陽法則眞覆手飽面劍脊陰平面仰掌陽脈形肥厚生來亦是陽這個陰陽好玩眞更有陰陽名六府陰是大陰孛計土大陽紫氣羅屬陽莫差訛木火行龍聳卓立時師皆言爲上格若是孤陽無水土剛木燥火定不結有等金星磊磊落若無水間不開陽時人盡道大剝小那曉頑金不結作莫道凶龍不可裁也有凶龍起家國葢緣未識間星龍貪中有廉文有祿武有破軍間斷生

祿存或有巨門力此是龍家間星法到處鄉村可尋覓
變星只有斷處名斷處多時星必變貪狼不變生乳頭
巨門不變窩中求武曲不變釵鉗覓祿存不變犁壁頭
文曲不變落平地破軍不變戈與矛輔弼不變燕窩仰
變與不變宜精求木火星多穴尚遠穴結上聚回龍穴
但見水多落平地必結波心變陽局金土多是橫過閃
化氣二字總不脫木火雖生無化氣爲官無祿人丁替
木土雖尅配陰陽人丁大旺富貴地若見金變木一發
絕宗祀木星變火星拜相總虛名水星變金星清貴旺
人丁土星變水星逃亡少餘丁土星變金星巨富出賢

能水星變木星翰苑多文名土星變木星一甲輔朝廷
火星變金星孤寒痼疾盲火星變土星將相鎮邊璺此
訣不論生和尅只觀化氣洩天真五星之中水極秀只
宜化動木火金土星宜化金木火水土不化却純陰水
星非一樣漲天平地形文曲并掃蕩過峽曲動眞動浪
於三級橫闊擺摺掙幾般水星體細玩要分明龍旣有
化氣穴定有陰陽陰龍行度陽龍結陽龍行度陰龍藏
先賢以山名爲龍以龍變化此相當龍神得水方伸變
乾坤變化在陰陽又有太少出脈形只喜陽生不喜陰
陰脈龍節行到此子孫退敗見伶仃又有胎息及孕育

如同父母之血精天一生水地六成二五精華由此續
横闊三擺弁兩擺水珠鶴膝蜂腰屬走馬抛鞭并串珠
之元人字見動曲三節之中一點水此是眞龍成胎足
胎成結穴自分明弦稜并窩突証佐詳左右大機不虛
生陰陽唇臍分葬口穴上星辰龍上尋若能窮得望龍
理仙師妙用心法傳

望龍解議一　　吳國師女口授金精山人述

觀龍之法先觀大祖大宗龍樓寶殿天孤天角五九
聚講龍帶天池重重開帳節節度峽穿落傳變火木
冲天勢如萬馬自天而下起則啄木飛空伏則生蛇

渡水木火行龍宜水土星辰相間無水不生無土不
成龍無水星不成變化龍無土星不成上格縱富貴
而不至三公土乃五星中之尊星帝座是也故巨門
土天財土俱合格局至大會之地衆山至止處諸水
朝元或一百里或二三百里大會於此水口關局十
數重二三十里百十里山山起頂要四凶關鎖天文
北辰帝星鎖禁城門並無枝脚落河此是大關局內
有王侯卿相一甲三公莫大之貴中會之地來龍或
數十里兩水三山開帳列屏飛鵝舞鳳大頓小伏水
口之山三五里十數里獅象捍門龜蛇鎖洞三五重

內有台省九卿之貴小會之地來龍三五里十數里水口不過一兩三重有枝脚落河交牙此是小關局內結人才州縣小貴但五星變出九星九體十二用九九八十一變化成文昌六府上台中台下台貪巨武大是也若高聳須要卓拔飛揚若低伏須要横闊擺摺是故大祖分龍之處或五星或九星聚講分枝起伏升降穿落傳變要辨枝幹行龍幹龍重重剝換誕謾不生峯枝龍行度多起峯傳變始祖大祖穿帳後要貫串中頂前出帳要左右兩邊隱隱偷出陽脈分落下來少祖辭帳近穴要在中心出脈方合法度

但到府州縣大鄉村先看水口關局遠看諸山行龍三五里一二十里有無穿落傳變間星化氣穿者出帳入帳落者穿田過峽傳者子不離母祖宗父母出脈過峽與穴一樣相似變者陰陽變化陽生隱隱而來此一枝前去成垣結穴或貫頂飽面陰死出脈此一枝只作應樂羅城而已再看巒頭巒腰巒脚俱要開面伶俐腰間曲動水星相間巒脚帶倉帶庫生曜生官金符玉尺金箱玉印日月串珠八字清奇巒頭變成上格但五星九星要分陰陽明白方可登山金木火三星屬陽水土二星屬陰陽龍行度要陰龍變

化陰龍行度要陽龍變化陽龍不變陰不成龍陰龍不變陽不結穴此乃萬古不易之法也陽龍下了陽龍絕陰龍下了陰龍滅乃第一之根本也老九星貪狼木屬陽巨門土屬陰祿存土屬陰文曲水屬陰廉貞火屬陽武曲金屬陽破軍金屬陽輔星金屬陽弼星水屬陰天機九星大陽金屬陽太陰金屬陰紫氣木屬陽天財土屬陰金水水屬陰天罡金屬陽燥火火屬陽掃蕩水屬陰孤曜金屬陽三個五行共合成一名曰大極陰陽也遠望尋龍之法一枝山脊木火行龍中間要水土二星相間變化成龍前去結穴自

成天然但到江湖河海地方大盡之處多是水星行龍中有金木火或一星相間定結眞平低穴如無陰陽變化則成蕩體花假空亡無穴但登山尋龍之法看祖宗降勢行龍又辨元始陰陽如覆手飽面劍脊屬陰變出平面肥厚仰面屬陽但陰龍變出陽脈方成龍前去結穴若陰陽不變前去必不結地陰死陽生理之然也要知六府陰陽大陽紫氣羅睺屬陽大陰土計水孛屬陰辨龍眞假要知三個陰陽五行五相變化方成龍格前去定有好穴不知三個五行陰陽根原法度難辨龍穴眞假所以吉地秘存今之學

者頗有心得之妙曰力之巧暗合法度者有之看見一枝聳拔火木龍神勢如萬馬皆言上格及至入首尋穴則無殊不知孤陽無水土變化名曰剛木燥火所以不結眞穴有樣金星磊磊落落或三或五中無水星相間又不開陽名曰頑金必作他山之纏護定爲吉神之朝對山脊之龍逢陽而化平洋之脈遇陰而結山龍純陰一定無穴平陽純陽決然不結若能窮得三個五行顛倒作用如郭李復生地理之機雖云下學上達必須生而知之者方達其理也

望龍解議二

二十四龍應二十四氣七十二龍應七十二候天三生木地八成之逢三則變所謂遇三擺三摺三動則有變化之功三擺應三候爲一氣一氣變成龍故一字行龍必微微見三擺不然則不結眞穴二十四字行龍做此要識太祖少祖主星出脈開面兩邊隱微要有夾勢偷出陽脈從心腰間抽枝開髀展翅似有似無下來起伏成格此一枝龍可尋眞穴或貫頂飽面雖有星峯起伏成格只是無陰陽化氣必不結穴或作朝迎羅城而已凡行龍看是何星多多者爲尊分優劣前去結穴不離多者龍穴法也如貪狼變乳

巨門變窩是也也有凶龍起家國蕃緣不識間星龍貪中有廉文有弼武有破軍間斷生祿存或是巨門力此是龍家間星法到處鄉村可尋覓變星只看斷處多斷處多時星必變近穴斷而復起是欲變星也貪狼不變生乳頭巨門不變窩中求武曲不變釵鉗覓祿廉不變犁壁頭文曲不變落平坡破軍不變戈與矛輔弼不變燕窩仰變與不變宜精求凡登山尋龍之法先看遠祖近宗五九變化陰陽分受成龍結穴觀其間星何星多或十節或二十節若木火星多結穴遠必升龍上聚多結回龍穴穴之變星同前或

水星多定在平地結穴多結橫過局五九星皆要水
化五九星十數節看見水土二星相間五星變出九
星輔弼結穴定耳蓋一土能變九體曲體制化五星
平地龍格或三五十里百十里不見祖只有平田平
岡行度一大一小一灣一曲畧有高低之分便有眞
龍眞穴至於大祖開帳或五或九同宗出脈或結穴
或不結穴看其出脈處隱隱微微不論起頂不起頂
偷出陽脈來就從此一枝尋穴或有起頂降勢貫頂
飽面顯露又無大極陰陽變化凡陰出脈者此一枝
不必尋穴但到州縣處龍之發祖看見陽龍多陰龍

少便斷甲科貴顯之地若陽龍少陰龍多乃淫賤之
地則不貴也火與木行龍雖相生純陽無化氣爲官
不食祿後來不旺木與土星雖相尅乃陰陽相配有
化氣故能成龍結穴富貴人才大旺語曰金星變木
星一發絶人丁木星變火星拜相總虛名水星變金
星淸貴旺人丁土星變水星逃亡少餘丁土星變金
星巨富生賢能水星變木星翰苑多文名土星變木
星一甲輔朝廷火星變金星孤寡痼疾盲火星變土
星將相鎭邊聲不論相生相尅只論陰陽變化所以
與諸書議論不同故爲秘書也惟土星不宜見水星

水星宜化金木火惟水星不宜見土星夫水星者有漲天水平地水文曲水掃蕩水過峽曲動處起伏曲動處蜂腰鶴膝動浪三級橫闊擺摺皆是水星一起一伏腰硬直不曲動者不是水也切莫錯認陰龍行度陽龍結穴陽龍行度陰龍結穴龍穴俱無化氣孤陰不成孤陽不生故不結地要合太極陰陽先賢以山名龍者何也龍必陰變陽化陽數九九九八十一變陰數六六六三十六變魚龍遇水而變化乾坤生成陰陽變化地理根本無窮極也若能熟此望龍經便是楊曾再復生天下龍神都照破學究天人萬古

靈

望龍解議三

識龍似乎當識穴但究變星篇內訣千里來龍只看到頭八尺識得龍眞正要看少祖下來數節星峯是何星尊入首尋穴要合變星穴法貪狼變乳巨門變窩是也入首主星起頂降勢尖圓方正出側出中出左出右出只要出脈有精神平面屬陽隱隱偷出脈來從心腰間出者第一上面有大八字下來有小八字到穴有窩鉗乳突臍唇葬口是也壠龍陰來陽受支龍陽來陰受方是穴若主星出脈貫頂飽面無大

小八字分合無窩鉗乳突臍唇葬口又無陰陽分受
此是假穴無疑或從兩邊偷脈變水星分陰陽結怪
穴或有一邊無一邊有或有分無合或有合無分玄
武吐舌龍虎不抱只要陰陽分受明白份俐穴星扁
而有莖稜龍神化氣明淨到穴曲動生水多是富格
點穴法只要看出脈工夫入首要陰陽証佐結穴求
三靜一動龍虎靜案靜水靜穴宜一動是也支龍平
陽並無分合只要臍唇葬口兩邊開脖展翅便是穴
情法度如無証佐斷不可下若是逆局或左右有股
陰砂順水抱穴灣環過宮則是眞穴入首星辰看其

粗大細嫩以口訣尋之訣云八大神仙法逐一要講明抛轉須認節避刺要離根扁大臨弦出粗雄帶側尋側裁如把傘平視似提籃反手粘高骨冲天打顋門此乃祖師口訣千金不可傳人有一等玄武結穴人人不能識結穴大富大貴何也只是純陰起頂降勢入穴平夷為陽受脈無煞氣分合明白到穴曲動星宿証佐甚吉有一等平受星辰入首不能結穴何也只是純陰如劍脊無陽脈分受有煞氣必不結穴此乃仙師妙用如神

望龍解議四

望龍之法但到大府州縣先以水口爲主夫水口者乃龍上發來左右之臂龍合上格發用水口亦合上格合內關中關外關皆要四凶四凶者破祿廉文是也或變出北辰帝星天罡星禽曜羅星落河火星砥柱中流山山起頂如龍如鳳如獅如象如旗如鼓如馬如人如禽如獸灣曲轉身或三五里十數里一二十里面面關隰此爲上上之水口也關內必有上格龍神計都羅睺天弧天角開帳列屏龍樓鳳閣九五聚講火木冲天內有帝王陵寢一甲三公封侯拜相之地或水口飽而陰脈滅福一半內結高穴昇龍上

聚多出武官或文職亦掌兵權水口左山抱右山穴多結在右邊右山抱左山穴多結在左邊上格水口兩山起頂一山獨秀無老雞爪落河插河者此爲大關局大富大貴或一山起頂一山垂頭有枝脚落河交牙此爲小關局小富小貴龍合上格朝案合上格則水口亦合上格一氣三合龍合中格朝案合中格則水口亦合中格下格亦然初到州府縣未見遠龍先見內中外三關水口便知富貴大小內關好斷城裏諸門富貴中關好斷近縣鄉村富貴外關好主遠鄉村富貴內關不足城市富貴少鄉村富貴多中外

亦然大祖出脉要合陽脉如不合陽脉是陰脉者發
福行到此處或數節或十數節此處子孫退敗少祖
亦要陽出脉或陰出脉此處人財衰敗少祖乃緊要
之祖如人祖父母亦般必須隱隱偷出陽脉來或三
節五節祖宗父母胎息孕育胎息者如人父母交感
受胎乃天地生成天一生水地六成之二五之精華
如同父母精水受胎前一節却是變星貪變乳巨變
窩是也自少祖以下或木火金行龍要水土二星爲
化氣或水土行龍要木火星化氣自少祖以下横闊
三擺或一兩三擺或有水珠蜂腰鶴膝走馬串珠拋

梭織錦之玄八字灣曲動蕩皆是水也三節四五節中間腰灣一點水便是發胎之處到頭主頂自然明淨穴內陰陽自然分受窩鉗乳突臍唇葬口大小八字毬簷界合入穴有灣曲動件件皆備孕育生成大極天然自少祖以下星峯磊磊落落後無水土變化乃父母交感未變二五之精與水也前面結穴並無陰陽分受雖有龍虎抱衛朝山拱秀明堂平正皆是假穴無疑自大祖以下陰陽均平前去結穴大富大貴陽多陰少小富小貴陰陽不分總不結地依此法度萬無一失

解議發揮

龍無水星不成變化龍無土星不成上格

五行之中動而最大者水靜而最厚者土凡山巒流動之處其性皆水也龍若無水則硬直頑罡一片殺氣焉能融結乎故相龍者先相其有水無水然此水不在大體上相在出脈斷伏處相此處若有曲動泡浪則爲有水前去必結眞穴無水則不結作蓋水者天一之生氣也龍身中間起得一座土屏則力量博大泱結封拜大地若無土屏則龍身不厚重承載大地不起決不能結大地也縱火木沖天亦有位至三

公者難免喪身覆家之禍矣故不識水則不能辨地之有無不識土則不能辨地之大小水土者龍家之命脈也蓋大圜之中水土之爲物最巨萬物生於土歸於土而土又藉水以養萬物惟有水而生生不已惟有土而負載得起也龍備水而後能具生氣具土而後能載萬物故龍無水星不成變化龍無土星不成上格今之庸俗所知所喜者木火星辰耳烏可與語地理之微妙哉

水口四面關鎖並無枝脚落河此是大關局有枝脚落河交牙此是小關局

龍無意於水而水自來朝者大局也水者財祿也譬之人然其人念念在財祿者其人品必不高爵祿決不大試觀聖賢豪傑公侯將相享大名大位大福者其人營營逐利乎水口四凶屹立並無枝脚落河此意在收局而無意於收水也氣概大方故內係大地枝脚落河則意全在收水矣局面小鎖故僅爲小結也

幹龍重重剝換延漫不生峯枝龍行度多起峯傳變枝幹之力量不同故其行度自異幹之力大其起伏亦大其起也或行數百里數十里小幹亦行得數里

其伏或行數百里數十里小幹亦行得數里許其起其伏皆平平行去不生頓跌故見其延蔓不生峯其一起一伏大也枝龍力小其起伏亦小一起卽伏一伏卽起其起單寒其伏短促故見其多起峯也
始祖大祖穿帳後要貫串中頂前出帳要左右兩邊隱隱偷出陽脈分落下來少祖開帳近穴要在中心出脈方合法度

山者陰煞之物也故行度最要脫殺氣龍者尊貴之物也故行度尤要得其體段始祖大祖少祖其後頭來脈俱要貫串中頂而後其體段尊貴也始祖大祖

之前落脈要兩邊偷出陽脈而後能脫煞也至少祖開帳要中心出脈者蓋既已近穴要成尊貴體段其陰煞前已脫盡故也

金木火三星屬陽水土二星屬陰陽龍行度要陰龍變化陰龍行度要陽龍變化陽龍不變陰不成龍陰龍不變陽不成穴

陰陽變化方有生氣不則孤陰獨陽不能生育金木火三星無水土相間則陽龍不變陰不成龍以其盡係頑罡之氣不能成龍結穴也水土二星無木火星相間則陰龍不變陽不成穴以其盡緩弱之形不能

頓聚成穴也

又辨元始陰陽如覆手飽面劍脊屬陰變出平面肥厚仰掌屬陽但陰龍變出陽脈方成龍前去結穴若陰陽不變前去必不結地陰死陽生理之然也

前言星辰之陰陽此言形體之陰陽又以五星之行體分陰陽也凡星辰開面出脈肥厚仰掌爲陽星辰飽面出脈劍脊覆手爲陰陰爲煞氣前去不能結作陽爲生氣前行必定成穴此陰死陽生之理結與不結之分也

山脊之龍逢陽而化平洋之脈逢陰而結山龍純陰一

定無穴平洋純陽決然不結

山脊大抵是陰氣故必要開面開窩發出陽舒之氣方能結穴平洋散漫都是陽氣故必要起脊聳突頓起陰斂之形方能結作此皆陰陽變化之妙陰中用陽陽中用陰之至理也

看其行龍是何星多多者爲尊分優劣前去結穴不離多者龍穴法也如貪變乳巨變窩是也

龍係何龍則穴結何穴看龍之行度係何星多則此星爲結穴之主其穴形從此星出如貪多結乳巨多結窩武釵鉗祿梳齒廉犁鏵文仰掌破戈矛輔燕

巢鷄窠是也此穴從龍出謂之不變故曰貪狼不變
生乳頭云云

近穴斷而復起是欲變星也變與不變宜精求

穴從龍出謂之變穴不變星如貪狼行龍變乳作穴
巨門行龍變窩作穴是也此爲正法不變亦有穴不
從龍而從變星者則爲變矣凡欲變星作穴則龍至
近穴必斷而復起另變一星而穴即從此星變如變
星是貪則作乳穴是巨則作窩穴也正法則星不變
但從星變出穴形變法則星穴俱變故曰變與不變
宜精求也

木與火行龍雖相生純陽無化氣爲官不食祿後來不旺木與土星行龍雖相尅乃陰陽相配有化氣故能成龍結穴富貴人丁大旺不論相生相尅只論陰陽變化與諸書議論不同所以爲秘書

生生之道從陰陽變化而出五行非陰陽則不能生也故山巒之法以陰陽化氣爲主世之論巒頭者兢言五行相生抑知道不在是雖說得甚精反與正道日遠也讀堪輿書而未見此經者烏能辨書之眞僞淺深哉

要知少祖下來數節星峯是何星尊入首尋穴要合此

星穴法貪狼變乳巨門變窩是也
穴從龍變爲作穴之正法然行龍長遠星辰夾雜將以何星爲主哉其法看少祖下係何星尊嚴則以爲主覓穴也若到頭跌斷另起星辰則爲變星其穴却不從龍上出從變星出上文已詳

若主星出脈貫頂飽面無大小八字分合無窩鉗乳突臍唇葬口又無陰陽分受此是假穴無疑或從兩邊偷脈變來星分陰陽結怪穴或一邊有一邊無或有分無合或有合無分玄武吐舌龍虎不抱只要陰陽分受明白恰俐穴星扁而有莖蒂龍神化氣明淨到穴曲動生

水多是富格

貫頂飽面則是殺氣無大小八字分合則不成脈無窩鉗乳突脣唇葬口則無穴情攏不舒陽支不聚陰無陰陽分受則不結作縱有龍虎堂局好看並無生氣在內所以為假穴也若此等星辰從兩邊偷脈變出水星有水則有生氣其八字分水或一邊有而明一邊無而暗或有分而無合或有合而無分其作穴也玄武吐舌龍虎不抱但陰陽各得分受雖形局不大俗眼謂之奇形怪穴多出大富貴人此乃龍穴之法也

若是逆局或左右有股陰砂順水抱穴彎環過宮則是眞穴

本文因言支龍之法然壠龍亦然因言逆局之法然斜局橫局亦然凡結地之大概順砂之收氣逆砂主收水無順砂蓋下則主星不能關局而內氣不固卽主星亦露面向水而爲他人鎖水之賤物矣烏能融結好穴哉故穴之結不結好不好全在上砂看惟順局穴向去水順砂必厚故重在逆砂逆案若斜局橫局逆局穴既與水逆只怕當中之冲扱不能融聚故皆以順砂爲生死之命者也庸師只知逆砂烏能與

語微妙之道哉

自少祖以下橫闊三擺或一兩擺或有水珠蜂腰鶴膝走馬穿珠拋梭織錦之玄入字灣曲動蕩皆是水也三節四五節中間腰灣一點水便是受胎之處

龍之結穴不結穴要看龍身受胎不受胎胎者即水是也龍身有一點水星便是受胎前面必定結穴若無好形局則結怪穴要仔細搜尋龍身無水則不受胎前面必不結穴縱有好龍虎明堂朝案只是花形假穴葬之生凶此乃辨眞假之關鍵毋容忽畧看過

附胎伏過峽陰陽訣

凡峽只在陰陽擬胎伏生來分授受柏葉仙曰細認山川貫串情胎伏要分明峽上若不息氣懷胎即是虛峽所謂峽之虛實生死辨焉過峽長忌陰喜陽過峽短陰陽俱不論　或如伸足與放爪峽水依然收要巧楊公云眞脈旁邊怕刺脇却要有山來襯貼莫令凹缺受風吹切忌牙湍遭水刼凡富貴龍上格只要起祖分宗出峽上若有層巒叠嶂龍遠力旺收峽水於大會則以盡龍之穴據垣局而正結者爲尊有附祖近宗龍短勢雄收嶂案而中居四維拱顧則以初落之短而秀特者爲貴凡相地看起祖看分宗又必看過峽必看明堂必看

關水成局

凡大龍行度身上忽起頂降勢逆回一枝不作隨從護送又占一堂局能收拾大龍峽水結成垣城雖遠不出十里以外反背作局自立門戶亦是富貴結作　凡近府軍州縣得龍勢星俱旺借伊郡縣垣局能割據一隅者又坐下尊嚴秀貴朝對拱向有情必是大地

龍看何星起祖穴從本體出身不變為隹有情方用富貴本從龍上出輕重知端的又曰本末要相從又曰龍之眞者降勢不離祖宗楊公曰穴若不從龍上星斷然是假不是眞又云胎是龍根本伏為胎息宗同根連骨

氣步步要相從

望龍經評語

按此經自謂秘書從未傳世其女吳夫人以父書并口議發揮授廖公金精廖公亦不輕示人後余邑密巷馮生家祖藏鈔本馮生遊婺邑訪紫陽故蹟遺書新安程氏而葉氏九升獲而付梓其謂楊書博大吳書精深卓哉見也惟二公之書是二是一原無彼此宜乎近代宗之其望龍一書乃融會二經之精華而撰爲提經更使人明白易曉耳有志山水者以此入門可也

釵鉗兩穴眞結詠語　廖金精著

金釵金鉗兩臂眞元辰雖直亦變織須向眞龍頭上尋
不是龍頭休費力若是山横水又横兩水合襟是眞的
古有十二直流穴逐一從頭與君說

附十二直流格

登穴先要看明堂十二直流仔細詳此是眞龍有福力
水去山回大吉昌
天心格眞流長外有變襟眞不妨内有眞龍藏玉骨前
山喚作進財倉
变劍格如向劍穴前順水飛冉冉時師只道主離鄉豈

知內有眞龍佔
交襟格面合流水直山彎最可求關外若有金曜照定
知此地出公侯
天梯格直而傾左回右抱一般勻外山逆聳面前去斷
教白屋出公卿
汪瀉格水直衝交牙截水無陷空華表捍門居水口須
知此地出三公
金釵格臂直長元辰雖去也之玄水纏勝似山纏繞雖
然折肱也無妨
金梘格及銀槽穴前流水去滔滔龍扛虎押明堂直前

山聳峙出官僚
兩宮格似雙虹水去明堂口不封若得外山來接應水
神停蓄出三公
覔堂格最難看內堂直兮外堂寬龍虎重重關著口應
龍收水便爲官
穿珠格直流牽穿珠直流過墳前五曜連珠卿相出七
星汪水出神仙
飛龍格似飛龍左右排銜唱喏規之玄九曲明堂內狀
元宰相賜金緋
百步格百步長外交內直又側妨更得秀峯當面拱玉

階流水出王侯

詩云直流水去繞朝山屈曲流行去復還吉水愈長官職大只將曲折斷官班水雖直去有關攔峯巒緊閉莫教殘水口笑開休下手縱然吉地也等閑水口既寨案山横本身何慮直而傾此是仙人眞口訣神仙密授斗口經退步水去有法制開鑿池塘瀦水注横水不流如鍋底富貴須交時下至

古云順水下穴宜低扦當面朝洋穴宜高此乃不易之定論也但去水之地人多厭之其爲廢置者多矣若龍眞穴的水口緊固亦可扦穴故於元辰

直流二格言之甚詳今斗口經卓有獨見故特表
而出之

地學提要
論尋龍格局

地理始終不過山岡之佈置耳而諸家同謂之龍者何
也葢惟神龍能潛能飛能大能小而地形或起爲山岳
陷爲淵泉開大則葢縣綿州縮小則如絲如線此不如
龍乎惟神龍蜿蜒變化莫知端倪而山岡之有生氣者
將東行而忽轉西本南行而忽往北捉摸不定走弄多
方固非神龍之蜿蜒不足以狀山岡之變化不法神龍

之變化亦不成地理之精微故曰有變化者謂之龍無變化者謂之荒山

凡尋龍者必先訪問此方山從何趣水從何來必裹糧著屩登其絕頂觀其何背何面何幹何枝何處轉身何處交會則此一方之大畧在吾胸中從此主結副結可以推尋矣

問祖人或不知或有謬言者但問水從何來則始祖可知登巔逐脊則龍亦可尋

登巔逐脊亦非難事所難者逐脊行來直至盡處却無結作即結亦不佳此是何故曰此坐不知龍格

龍格者祖有祖格宗有宗格開帳有開帳之格出脈有出脈之格幹有幹格枝有枝格而枝幹轉身行度曲折作態乃諸格之所由變其間過關渡峽莫不有格而峽爲最緊其兩旁迎送撓掉侍衛護纏擺列供給夾照零碎塡空補缺諸般用神亦自有格皆爲行度而設楊公只論龍星廖公只論穴星賴公只論方位俱不詳其行度不知龍神正副變化與夫成就敗壞總在行度上討工夫不詳行度縱精義入神終爲偏至之詣也

大祖多是火星其格龍樓鳳閣沖天鳳蓋天旗又或奇怪變化不可名狀亦有不拘火星但論特起其格若漲

天水奏天土獻天金沖天木日華雲爛重雲復霧寶殿寶座飛仙飛龍又可作祖仍多奇格變化不可名狀奇者五星聚講五星歸垣東木西金南火北水中土五星錯置但聚一處不拘方位

或有天池仰天湖高者數十百里其巔頂崖壁必有峭拔間斷人力不通之處

大者廣延百里數百里或至數千里其巔頂常在雲霄間甚者爲雪峯萬古不消西北多有東南無之此極大祖宗域中無幾也尋常郡縣但得一峯特起侵雲逼漢郎爲大祖必綿延深厚望之有盡步之無窮則所鍾宅

墓所蔭賢哲亦尊大久遠連綿迭出靡有窮盡也若望之如此登之亦只如此雖高峻峭拔左顧右盼有如刀背其爲行度格局大抵平常則所鍾宅墓所蔭賢哲終不尊顯卽間見希出亦不耐久以祖宗力薄也

宗者行龍長遠中途節上又起星辰以開宗派論宗與祖畧同但祖無不老者宗則壯大可也祖欲重疊宗欲秀拔祖一耳宗由一以至八九不嫌其多蓋祖有功而宗有德有大宗又有小宗奕葉無窮皆宗所演其支庶又以宗爲祖故宗不厭多也宗亦名少祖凡宗有開帳者龍行之大宗如貴人之出必有供帳所以尊威也

其格火曰蓮花帳曰鋸齒排雲曰鳳冠曰雞冠曰龍焰
木曰蘭花帳又曰一林春筍（簫）牀牙笏萬笏朝天
木火相僕曰攢鎗曰列戟曰筆陣曰列炬
水曰雲母帳曰水晶曰芙蓉
土則爲屏列屏亦爲帳連城亦爲帳
水土相僕曰水土連雲
惟金無帳連金即成水其雲母芙蓉等帳當中一位星
頭端正者即金也
凡帳先論横飛横飛者在隴蜀一展萬里此至大不可
言其次或展千里數百數十里小者數里各成爲帳

次則兩角向前一重再重有漸收之勢即如雲母帳再重九腦芙蓉三重七腦四重五腦五重三台華蓋六重飛鵝即將結穴矣

凡帳須論結梢一開兩翅雖撐踏闊遠甚爲有力及到角上若不成形不着力頓住只如此瞧殺了帳亦不甚貴故必覷結梢或左旗右鼓或右旗左搶或左天倉或右地庫大者左右更成龍樓鳳閣之形或作飛鳳麒麟青獅白象方爲有結梢其穿帳中行者貴可知已

凡帳必祖宗另出或先設帳幔而大星體出其下如帳

內將軍帳裏美人出帳貴人是也亦有就身開帳者
如鳳展雙翅及蓋天旗皆是
出脈者祖下宗下屏帳下龍結星頭下皆有出脈處其
格以正面中出爲第一然則執正求中可盡尋龍之
法乎曰未也夫天地多奇山川好奇地理尤不厭奇
偏有絕大星辰不作正面者偏有中出是假角出是
眞者蓋天地之道固不離中然中無定體隨時處中
執中無權乃是子莫故星有正面猶恐所見者非面
出不離中猶恐所執者非中於是脈有中出有奇出
非好奇也奇文大可必如是爲可不如是不可也今

明明見祖宗特起龍樓鳳閣展開帳翅中下一脈豈非中乎乃行不一二節忽然斷絕左顧右盼逼窄傾斜頑濁不化此此是何故曰假出也昧者執中強扦老椿不絕即敗哲師審之或於肩用尋得一脈先渾後明透迤精巧降崖踏逐回頭審視始知所見之中非中也此乃至中彼實虛堂假坐傀儡幻形誤耳誤耳尋此踏去前果成龍列屏開帳妙矣跟逐數節又忽粗硬擔曳欠缺邊生邊死醜形絕氣此是何故曰又誤矣龍實側轉橫行我則趁中踏逐已從某節某步閃去矣則又轉身尋其閃落果又色色合法如是一

程數程百里千里皆要看他棲閃莫行錯路則眞龍
正結可求而得矣
凡中出必不貫頂貫頂者非眞中出必不瘦削瘦削者
非眞中出必不崩瀉崩瀉者非眞中出必不減沒減
沒者非眞中出必無横崖攔斷攔斷者非眞中出可
隱而不可破破碎者必非眞中出可斷而不可絕氣
絕者必非眞中出必先渾後明急遽直下者非眞中
出必兩護彎好無護者非眞中出必山環水抱有一
飛走者非眞中出必細嫩精巧粗惡擁腫者非眞中
出必渾然員足其休四懶慢者非眞中出細微必盛

凡主氣弱客氣勝者非眞中出必擺佈自如若鈎環他顧爲人所用者斷非眞中出雖護衛完密必寬綽有餘地其過於逼廹不堪容足者斷非眞中出若是合氣必左接不著右接不著恰如口中呵氣若依稀倚伏者非眞中出如有石脊必脊骨員正若偏面偏背者非眞中出如當泉水或渡天池必水清泉甘如水濁泉惡者非眞中出是土必美是砂必細有草木必豐美若土疏砂散草枯木死卽是敗氣斷非眞中出審觀氣象必潤澤活動生氣盎然如枯燥腐爛渾是死氣斷斷非眞

五星行度生尅制化

先天一二三四五生出水火木金土後天相生論原委順佈木火土金水五行純體應先天聯珠乃是後天理聚講五位各歸垣有時一峯成合體東看似木西似金南看似火北似水西南却又開平面又或頂上平如底五方必有一正面踏面尋去乘其止又或兼四或兼三或兼兩體分背趾兼星但看出面處其間生尅易爲理有如金星又兼水便接木星亦無忌又如火星又兼土便接金星亦可矣其餘都照此例看天下山岡反多此五行順生是常理却有穿落變綱紀有如木星往前去

不生火來直穿水大開水帳又出木逢生滋長木蕃殖
水大木小怕漂蕩却又穿土反尅水穿土前邉又出木
水生土培旺無比或不正穿只旁脇併力生護亦同理
此是生木不穿金但看開花與結實凡花是水實是金
雖然是金性還水定生眠體與枝蔓亂葉細節斷還起
局中必有一穴朝千山萬水環抱裸或直臨水取外陽
切身必賴親侍衛一重案山不可少此外收拾幾百里
臨江隔湖非扯拽大開大合常如此若還連水無其數
木逢金伐木始任穿金更不生枝葉倒地便論成器木
器用百般隨時宜成得器用合尺度或者相尅山自生

天地初分已有形器用都是後世作如何天地反從人
此中有說君未暗聖人作事不等閑制器尙象君聞否
車輪象地葢象天雙輪輾地象日月水有舟楫象天船
几曲案平象水土湖牀本自象金圈諸般器用咸取象
來脈眞時合自然木火通明格可喜木遭火焚難用矣
木大火小木發榮火頭畧現便須止遇火出木木更茂
長夏繁陰木可喜凡花是木亦是火看他花辦尖員堆
員者是水尖是火火曜倒地成花體此火肆出不焚木
大貴威權人莫比木小火大木發火此是柴薪非花朵
穿火便無生木理生土生金無不可此龍須看長遠行

三五前中難結果仍須分散多丘壑前却組織右復左
山多子孫定族蕃遠討還須看土城有如金星特地起
生子生孫皆是水水又傳木是順生不然定有土止水
土變員形金復生曾孫肖祖常道理金行數節又開水
水又生金金轉美金小怕沉大方好大者將軍坐帳裡
將軍必有旗與搶前朝旁護木火起火星原是金之官
金寒得火眞奇偉英雄兼備文武才相君定國天錫祉
金星頑者必穿火穿火出金無不可再穿再出二五轉
大丹火鍊成因果遇土範之爲鐘金水淬變作刀劍火
凡成器用必逢火廉貞亦是貴人星或出本身或左右

或現前沙亦可憑金不遇貴亦不發半由商賈俗經營
間出英才好武勇大志大言無所成金星穿火流爲珠
恐是餘氣爭斯須若登四望無收拾不須踏逐費工夫
金微土重金被埋得木疏通出光輝金小木多金反缺
去金用木看栽培金星不盡結金果穴土穴木無定規
先賢所言桃李種只從木種論元微金清水白人高尚
金寒水冷孤寒相清白固是論秀氣秀潔大過不與旺
所以大龍帶零碎或斷或續雜形象雜形喜用塡空缺
或頓旗鎗作了帳金有水子不作火水護金母自停當
水冷最喜火温温水得火氣定相當若教祖孫皆金水

蟠踞一方數十里華蓋飛鵝到處生卻行陰遁多寒氣
結穴猥藏用神到遊水食水速發理然而遲遲不肯發
只因寒冷魂不喜大祖外陽必求火或是火城作包裸
樹木陰生須薙去要向陽明莫藏躲大道車馬日夜行
四顧人烟暗伴我金水龍穴不覺寒發福發貴好因果
有如水似垂天雲卻不生木反生金水中沙裡淘金子
金星又小龍不成畢竟一變開土帳連屏連城無數程
去水用金怕零碎精金員美穴光瑩前朝仍要木火現
陰陽輻輳合天星此是賢者大墓宅定出碩輔名公卿
水中生火不為奇龍雷常有火相隨大海中間常見火

陰極陽生理亦宜水火原有既濟理先天水下火生時
地理多用後天法還仗木神輔相之水火相傷亦相用
離中互坎坎中離中男中女同父母及成家室各分馳
此是分龍大關節水火金峙不須疑水星漫漫用土制
水大土小還防潰眠木攔之水止定再看生金生木勢
水帳重重横土起傳土生木固其理水帳重重竟生木
須要木盛成林麓水火木金各得方水竟生土却無妨
尊星不論形大小賢者出帳坐中央
有如土星起作祖行去中間常見土莫說土星不爲尊
我行山中聚講處望之雖然一片火即之畢竟土爲主

土頂橫木發正脈一去程途百十許帳中眞結人不知
帳角翻作州與府正結聚會備五星縱不歸垣亦清楚
或隱或見難捉摸有時蘸水臨洲渚嘈嘈雜雜甚平常
古仙作穴當其處大封大拜人不解誰知大物必穴土
土之常理固生金却有屏下出貴人貴人是木木就土
土爲木母不生嗔破胎生出諸般貴前去穿落備五行
到底作金作水穴兼覆並載土成尊
火生土旺是大格火炎土燥不生物土燥變成灰與沙
枯岸斷埂乾矢橛偏行側走開水帳侵天便把火氣隔
火重水輕水仍乾仍看前去凡幾節要變老相生光員

連開幾帳再起跌有變有化方爲龍脫老出嫩方作穴居住老山葬老山只尋山人論古法有心去看長安花周道如何辭跋涉

論羅城局垣

尋龍既知龍格至於將成必須論局夫局者大極之一圈也故有大局中局小局自本身之始祖與朝山之始祖各出帳角合成一圈是爲大局大局爲城自本身之少祖與朝山之少祖各出纏護合成一圈是爲中局中局爲垣自本身之父母與朝山之帳幔各出手脚合成一圈是爲小局小局爲堂堂有內堂中堂外堂之辨無

局不言龍恐錯認耳雖三堂同局垣門不必對城門堂門不必對垣門蓋有天然佈置者在也局亦名堂又名三陽三堂不必皆現儘有封拜大地止見一堂者俗師每於城門砂脚陰面上怒目談地扦穴陰向非絕即敗吁可惜哉

大地必具三堂或左或右或前或後皆名爲堂亦自不拘及至橫水又開一堂及至順水又開一堂然此三堂皆爲一局而設不得每遇一堂即求主人

凡步龍見上山下有幾枝下山上又有幾枝上下之間必成局於中

凡步龍見後山來有幾層前山回叉有幾層去來之間必成局於中局成再看五行或員或方皆貴員方皆宜平正長者亦貴但要橫長不要直長

凡尋龍見羣山粗老之相忽見一方出嫩出秀局必在焉須分內外若山面向外卽不成局

凡尋龍見羣山濟濟密密不堪容足忽開平田曠野局必在焉

凡尋龍見羣山散亂東奔西走忽焉團聚局必在焉

凡尋龍到落坪處所見悉皆荒村野水忽然龍起四勢回轉局必在焉凡局無他只取後抱向前前抱向後

左抱向右右抱向左則局必中成穴必中立此四抱須要眼睛大若寸光之徒入大局中目自迷了安能更知此數重

局有眞假之分龍有羅城是眞局空在闕處是假局圍聚處是眞局歛空處是假局開明處是眞局窒塞處是假局環密處是眞局曠蕩處是假局凡此不可不細辨也有侍衛出現處是大眞局眞局出老入細有歛山出現處是大假局假局老相不改凡局有眞有假中有主山是眞無主山是假若主大粗且帶側面或太微弱不能自振或陷於獄四之鄉皆爲假局局

必團聚回抱團聚又必開面反背便假
開面是第一大事後山不開面則脈不下前山不開面
則朝不來左山不開面則左抱無情右山不開面則
右山反背今見一局十分團聚却有一枝反背而去
即是假局今見羅城四山開面而局有砂反背必外
局不假而內局假若見內局四砂開面無奈垣城反
飛此內局不假而外假局內局假斷斷無地外局假
只是小地如砂或稍稍反飛爲離鄉砂龍眞穴的亦
不爲害但主貴人離鄉耳要看是面是背如面反顧
則主離鄉而貴若反背順飛此局斷斷是假

看地無他識得背面百事已了背如人背面如人胷背如手背面如手面面向內背必向外面向我背必向人面向山背必向水面向水背必向山亦有背出一枝又開面者此是漏氣或成小枝亦有偷結

山體有左看是背右看亦是背者此爲覆體以背向天此皆行之龍不爲人用又有左看是面右看亦是面者此乃龍局大成之處枝枝結果節節開花然必有一專局爲主結以木譬山譬之切矣然木果盈千累萬除批蠹外皆嘉果也無甚特貴者惟以人譬山更爲親切人身五官俱全四肢百骸三百六十骨節處

處皆穴而眞正主穴惟在男女二根若以局論必兩胯之中爲眞的

面必灣環向我固也亦有灣環却不向我乃是山面而必兩手抱我固也亦有假抱尤宜細察羅城雖緊眞假自分不知背面必不識地凡尋龍看局看穴看砂步步言背面看局是其大畧也故有龍似到此及至四顧却不成局無局不言龍亦有峽穿到此及步其處却不成局無局不言峽又有穴似到此及至四顧却不成局無局不言穴其訣在辨背面知背面便可學地便可精地看局要緊只在背面背面原是易事

童子當亦知之却有老於此道不知背面者語之以背面反向人爭論噫此眞不可教誨也已
垣墻羅城其開枝一邊向內是面㪷峭一邊向外是背其一邊無枝脚平圓向內爲面一邊多枝脚撑踏向外是背有水聚於內是面山環於外是背者亦有山環於內是面水遶於外是背者其切近枝脚必以灣環向內爲面參差向外爲背其向外者三五分飛此是曜氣亦不妨也
小小垣局其四勢之砂內看如環外看亦如環內是環中故有輪影外是城垣故有絃稜此不必曜氣分飛

也垣之眞者眞如築墻局之眞者眞如築城然不能無高低起伏若穴場正當凹缺處名爲敗垣破城此穴定假若非定穴不眞即是審局不眞

有龍行於大山而局成於小山者有龍行於山而局即成於山者有龍行於山而局再成於岡者有龍行於山岡而局成於平洋者有龍行於山於岡於洋而局復渡水别成一局以水環遶者有局成脱體水繞之山後環之者有抛而復抛脱而復脱一重水遶兩重水遶以至水遶無數者

有大局平處山環水遶可以意會不可以目睹者有龍

行歸水本山出半局水外之山湊成全局者有龍出半局水湊半局者有半山半岡者有半岡半洋者有三分七分相湊者然終不可破局凡局四圍俱高也好俱平也好起伏也好但要當穴處看他周全不正當破城方好破城最怕當脇當脇則煞風射心其穴斯廢

凡察局之眞假須登一方高山看他佈置如懸明鏡必無遁形若山在一壁局又在一壁則所見者辨偏形變須善會之若無山可登須多用功夫四周行走看其邊抱交會若隔水甚多須乘舟周行察其起止遠

抱未可辭勞凡山以移步換形在此看之局偏不正局缺不全移步看之忽然端正員好此甚不可造次也

有局成於內可外望而知者亦有局成於內未可外望而知者何爲有此二說蓋造物之玄誠有於彼於此者圓機之士何敢執一也凡看地須識大交會大包裸大城郭必有數里至十餘里者此要眼睛大不致廣大不足以知之一重包裸重重包裸裸到中間只一席之地剝一層又有一層直至蕉心此要眼睛細不盡精微不足以知之到此境工夫亦自不易

凡看地先要識五行正體變體乃可尋龍必要知正格
變格乃可扦穴至於龍法將成其勢必散此非造化
好奇若不如此不能盡神龍之變化其變化之妙有
據龍法而得者亦有不據龍法而得者故審局是到
頭一著工夫未可曰吾但求眞龍不須看局也局者
正龍止宿之地固須龍盡然龍之盡也非盡於無山
處之謂盡乃盡於龍口此氣處斯謂之盡也此龍口
也或現於巔謂之飛龍或入於水謂之潛龍或在羣
山之中謂之蟠龍故有轉水局有回龍局而無眞水
之局若一山眞來兩水直夾當前直出此即是死山

何龍之有何局之有其有大龍臨水內堂直去里許或一二里許此不得謂之直水何也其所臨之水必有橫局以攔之水外又必有橫砂以蓋之砂外又有大水或是橫轉或是來朝則所言直水之局乃龍口所吐之津液非直水流去也登高而看直必變方又或變員不爲直也故曰無直水之局若直水作局當去水而作穴定非眞龍止宿之地葬之必敗凡看地知星可以言格知格可以尋龍知龍可以審局過此以往則穴也窮神入化難言難言

龍格總歌

尋龍定要知龍格龍格五行離不得先論五行大星體
叢辰聚講爲上則火星作祖必多奇寶殿龍樓彷彿之
怪形異狀無不可出雲興雨長四時巉巖一開百十里
畧如梳齒掛破衣開枝出脚必無數正幹離祖卽橫飛
橫飛直出正推求却有眞龍出角頭能察眞龍回步立
兩邊護會自然開一頭兩肩端正好初原望勢失根由
水流火然無定踪木生脈地氣能充金星四員隨所出
惟有土屏宜出中天下偏少中出土所以難言拜與封
中間穿落論五行厥有順生與逆生相尅亦有相成理
宜變宜換不宜純一星始終不變化若不爲帳卽爲城

除却横飛論開帳帳不穿心不入相却有穿心中絕者
反向角頭趨生旺跟生逐旺再回頭原來此出非偏向
中出反來作我用那邊也有這般狀我行用彼我爲中
粗粗望勢還虛誑除却開帳論生枝枝落雖備尙狐疑
還有變化忽彼此十條九條無數枝或反去中取偏出
或反去高取低微取偏偏行有擺佈貼身侍衛不曾離
取低低去行自在外邊高者作藩籬不信但看人居室
牆高人矮有何疑然而未可執一論亦有主高用低時
主乘車轎徒從步主是雄龍御其雌但是主龍身必員
旁龍側面向一邊非惟剛脊有如此石頭背面亦同然

此中最緊看過峽無峽有如此石頭背面必然生窄狹
是峽必然有扛夾老祖山粗峽亦粗雖粗還細莫模糊
漸脫漸嫩漸精好出粗入細有工夫大星一節一個峽
大峽或將天池跨或當峽節有靈泉入帳出帳緊尋踏
十字穿心官道勢節節如此反覆直丁字入字隨他轉
只要峽中有道理却有一般參差帳帳分兩截相搭放
中間斜峽作穿度前轉中勢須停當山岡高大佈置遠
跌斷愈多力愈顯低小只宜三五峽跌斷大多恐力倦
若要峽多力不倦除非再起星辰現出石藏石有骨氣
那更怕他斷了斷正行龍少閃行多循岡踏逐易差訛

閃出何憑憑過峽眞龍跌下走婆娑峽有模糊不可識
左不來兮右不至中間凹處峽或成此是雙龍來合氣
銷鎔渣滓去形穢似此變化眞奇貴木星但看諸般枝
眠行根脚有元微開花結果方成蒂餘無關峽不須疑
火星炎炎不作峽犁頭菱角生脚下火蒸水降水爲關
相濟相成原不怕土星連生峽不成兩土中間或夾金
凡作峽星都是水萬物成胎先構精嘗見龍行數十程
無峽只許旺財丁科第必憑入手峽委宛名爲文曲星
水木蘆鞭生翰苑蘆花三臯狀元名金蛇過水兼文武
貫珠精巧出奇人珠絲馬跡奇踪跡聰明慧巧取科名

毬上引繩粗裏細撤珠無線過泥坪臨田失影龍廣大
結作宜爲州縣城星月連雲常出殁沒時無象出無根
如此自成仙跡峽高賢大位極人臣抛梭左右多奇巧
高才名媛沐君王工字平常看前後王字封侯理可憑
諸般卦畫無中豎自有地坪龍卽行虎頸定須登虎榜
龍唫方許跳龍門蜂腰鶴膝峽本相草蛇灰線峽精神
陽過陰迎峽不一結咽束氣峽功成看峽還須看侍衛
如無侍衛峽不貴貴人中坐是長官左右丞參與簾尉
天乙大乙是尊星如何可作侍從名日月天光取夾照
雲霞星宿借天文童男童女供使令武夫夾道備持兵

頓鎗走旗來往見金箱玉印護行程垂珠墜珠纓絡好
玉龍金鳳遊絲形龜蛇撑物捧低峽遊魚水物石梁尋
後帳出手名爲送前帳接手名爲迎一重送迎是小格
雙迎雙送亦常情眞龍迎送不知數送迎交互嫌鬧爭
隔江迎送非虛語送迎盡處見天青無迎無送不成峽
偏迎偏送是奴星迎送團圞看出身務合周密護流神
似此名爲關峽城關城也有獅象守也有旗鼓鎖關門
也有稚兒把門卒也有賢吏守關征也有當關持鎗將
渾如惡殺與凶神關城中間亦結作大勢還護正龍行
如此關城左右設中行都以峽爲憑城大節長峽連見

步步檢點親隨丁水去洩劫峽中氣風來撼動峽中神
藏風聚水峽周密全憑迎送護均勻直至有送無迎處
手足回抱穴將成星辰格好峽無破一路行來心甚樂
未知正穴却何如此須看局何方落局如一國論大域
大域始終一大極且除大域看羅城城在何方卜築輿
團團收來城郭平平開地貪貪君民城中更須尋治所
建牙開府不勝喧衙府有垣垣必固中間廳事坐中尊
得此方爲龍住所或宜藏玉或居人大龍必結陰陽宅
陰不妨陽陽護陰陽宅開明取大勢陰陽秘密汪眞精
三堂或是一龍作或借他山他水營龍到如有不成局

還行錯路費沉吟有局有龍皆停妥此去還須論穴星

穴星

惟有穴星最難捉先看眞龍何處落次看堂局何處成又看用神何處合却有開局與閉局又有升堂入室座望之此處是主星步到之時還是錯眞龍落地陰陽亂到此令人心慚作龍來局開心體正葬者累累不利甚只因錯步走帳頭入首束氣不清淨入首一峽性命關從此斟酌龍性情喜棲喜閃是眞龍直來直入是龍病轉步更尋龍轉峽必有一星居其正尋得穴美如針線兩護秘密又關面自此前去起星辰此是穴星不必辨

誰知前去又成虛三三五五都相如人不歸降各門戶
我實與人無所殊此是分散小小結柱誇大物費工夫
一路行來龍不錯到此局開水亦合分散轡頭枝脚多
當中要求穴一座作穴必定是尊星千山萬水來朝迎
尊星高大固爲美一般却有無尊星尊星中座衆山輔
却有尊星向隅尋分明帳裡坐尊星備諸儀仗與從人
登星審之却有病不是臂斷便水傾此星還是作少祖
穴星還走未曾停走偏藏隱開小堂何必堂堂對大洋
搜奇搜出眞精髓奇文却是正文章羣山衆隴取其特
特高特大與特闊特地橫轉特直走有時特地穿泥窩

特小特藏走偏隅到此失踪人所惑望之此處似局促
入局觀之有方幅此是主人閉門坐侍立奔走皆奴僕
望之此地似曠蕩步到其地有星象高凹作護開平沙
大垣大城在平堂此是眞龍作盡結羣仙聚會大形狀
到底收拾自完密眼孔小者不知量望之此處是用神
周旋不向此中尋誰知蘘粃偏是主牀頭錯認捉刀人
諺云仙眼樵夫足一步未到莫輕評望之此處不着緊
也曾行過不三省却有韜光隱曜星仙人點破當首肯
眞龍必定多棲走人見羣龍不見首龍首恒藏不示人
仙人方許捉龍口一方羣山磊磊起山山踏遍都不是

却有一片似㲲皮橫鋪闊展無星體此是卧龍性倨傲
顧指羣山還氣使羣山彎彎曲曲行那知粗硬是尊星
他山對此難消納到此方能驅遣人此星剛健得乾體
多謝羣山伴我行羣山直走一山橫橫肱箕坐無旁人
自是一橫收衆直宛宛之中認主星羣山短縮一山長
自行自止自商量單生斷不尋窮盡多從腰裏側開堂
自回自轉收山水其餘羣短盡歸降羣山迢迢一山短
短者橫行還委宛羣長作護喜多枝短者靠脊行不遠
此是主人負城居穿山去脈暗度險俗人不識穿山脈
只說主人來歷短羣山皆土一山石此石當年有來歷

原是火星氣燄猛多逢穿過藏其骨至此得局發露出
但見嶙峋又鵲突內骨還多此外骨南離取象介中肉
認眞生氣能穿取下了定發非常福羣山皆石一山土
脫煞出秀土爲主皮膚細嫩好摩娑跟着脊脈求穴所
羣山有根一山脫脫了還起更精鑿荒茅野石間水泥
登臨四覽都回合拋落影光巧收拾不得仙傳莫妄作
亦有無奇又無怪平平常常山自在頭面用神色色齊
近水遠山都映帶此是中庸大道理必生賢貴綿年代
大地拋荒不曾用山人到此心驚駭想是鬼神遮人眼
造物留之眞有待凡是眞龍必有骨骨不可見占皮肉

凡是尊星必肥厚龍長脈遠不消瘦凡是吉星必清秀
脫煞去濁方成就凡是龍頭必豁達必無他山敢凌壓
凡是龍口必隱微如雕如塑是還非天心所在必湧突
雖落平洋亦氣足隱隱降隆吉在中心知其義雖點出
葬口所在必窩藏不見頭面見靈光靈光如可揭而示
只有凡夫無上著穴心所在是主人主人必有親隨丁
不知穴法推沙法沙若眞時穴亦眞凡求穴星怕錯認
認僕爲主是通病果然認僕知是僕因而主人亦可問
正法尋龍乃求穴因局求穴法亦捷今到一方見水口
有城有門有防守此中畢竟有大吏更有垣墻在內地

行行看看見內垣必有衙府在中間入垣端然見衙府
自有主人復何言貴人升堂盛儀衛煇煌羅列非誇貴
此是一格差易尋只要認眞求精粹貴人入室無所見
有時黙坐正墻面既又一格人不識直到發越人爭羨
水口城門憑眼睛得局因而尋主星時師只把羅經轉
四家水法誤十人穴星不過一座山眞假還從龍勢觀
上山下來下山上定有形穴中間放上有幾枝下幾枝
穴星中座方可爲只恐多枝都抱壁還是關城龍乘馹
後山向前前向後定結騎龍無處走轉身須看大轉回
迎送中間莫下手若教定穴迎送中亂挖關峽空傷龍

眞龍開局中間卧去山還有幾十座展開手脚百十里
枝枝回轉爲城郭也有翅稍經飛去此是遠曜大頓挫
隨身之水出兩關惟有橫水在前過隔江峯巒都應付
大盡大結眞無破然而大盡在中間窮盡非盡盡還錯
人說盡龍我說窮窮盡如何又不同龍盡盡鍾山水氣
龍窮水刼又風衝要保子孫望長久教君愼勿葬窮龍
龍有飛龍結山裏千山萬水環抱起全副精神聚山巔
枝脚任飛幾百里龍有潛龍結水中千山萬水團重重
全副精神結水巧爲雲爲雨皆粗工龍有回龍來歷遠
及到結作回身轉轉身面祖或朝宗須知回轉要從容

急緩側揷飛回龍勉強食水還成凶龍有盤龍回又過
顧祖顧宗還顧我一水遶身成雲雷內有眞龍安穩卧
盤得眞時福祚長渠家金穴永無禍龍有濁龍渾大田
復嶺重關濁自然消除渣滓看一變石中隱玉生高賢
龍有庸龍無格子擁腫絕少峯巒起到頭也自成星辰
自作自爲無大體龍有懶龍最可嫌無起無伏空懨懨
不堪爲主不敢用世間固自有閑山龍有凶龍生帶殺
到頭凶頑氣不化強成星體莫安墳必出凶人終伏法
龍有死龍龍自死走肉行屍空數里上疏沙硬水滋滋
懇田作地不肥美有形有穴愼勿扦屍臭骨爛遍遺體

庸師還把羅經轉某向某水便好矣龍有遊龍已結過
餘氣飛揚還頓挫殘山剩水小人家尊星不向此中坐
奴龍纏龍與邊龍亦論小大分吉凶得氣也能綿世代
得水也可救貧窮若知尋龍尋大體那有尊星住此中
却有羣龍會一窩三條五條或更多大會各自開頭面
各成堂局無差訛尊卑亦不爭幾許及至登壇必有主
爰執牛耳會羣公求取尊星向此中龍有鬥龍非龍會
乃是兩爭皆不貴定是羅星水口山認作龍星遭退悔
龍有傷龍龍本眞却經傷損不由人挖煤開礦作窯灶
發土取石如邱陵或被庸師妄穿鑿或遭國伐壞星辰

傷龍且論偏與正更看所傷重與輕氣脉未斷盡人事
加功培補合生新報恩之地發愈快地神亦與人同情
只恐傷重龍已死便用挑培枉費心對此只堪增浩歎
返思痛恨彼何人有星有穴不復用防他冷退害人丁
龍有敗龍龍自敗此關氣運論時代原先本是發積龍
氣消運去翻作怪草木菁葱變枯黃地皮圓滿自崩壞
或起蛟坑被雷震破敗神魂不自在妖狐狡兎爲室家
蛇鼠穿洞眞亡賴地氣已敗空復爭強作強爲終有害
或者年深氣自轉留與後人乘其泰神龍端的果如神
屈伸變化應天星尋得穴星事八九到頭愈覺工夫深

穴場

尋着穴星論穴塲穴場精細無慌忙一個星辰有八面
未知穴場落何方堂局旣開龍已止其如面面皆可擬
大堂開明甚美觀古仙或用小堂子秀氣尖員眞可愛
古仙或反向平几分明龍勢是眞生古仙却又扦橫倚
扦橫尙可又扦斜此事教人心惑矣橫斜尙在星頭前
古仙有時扦後尾又或一隅便作穴並未上頂是何理
或抛星體用其坪或竟葬在蕩軟裡非是古仙好奇怪
精神藏汪各有體葬家最緊戒硬面星不開口穴不現
若問穴場何處有不是開口便開手口員是窩長是鉗

大陽少陽理自然含珠是哭吐舌乳大陰少陰固其所
開手亦同開口情四象能令萬物生窩鉗有全亦有缺
缺取旁補方成穴故有邊窩與單提助口湊手不用疑
乳突不可孤單用愼看兩手分輕重上水手輕卻不妨
下水手重生靈光或出本身或外助只要環抱爲我護
抱之緊者仍是口抱之稍寬乃是手口含元氣手護心
最緊切要毋差分乳哭兩抱若稍遠乳哭之中仍要心
大象之中含小象老師到此還迷眼常說九變先正體
堂堂正正人所喜須知正體要開口開口不明看開手
若不開口并開手但據正勢中間走便從硬而亂開穴

哀哉此穴必然絕當面不開開在肩膊名側腦是眞詮
大人有時轉首顧自是心情向一邊卽從肩脅卜宅兆
不因側腦便有嫌肩又不開開在股舊名沒骨有奇處
靈光偏向軟肉現一樣開鉗或吐乳詳觀四象穴其中
生貴生賢理亦同又或星頭生雙腦掬氣居中中自好
闊口開手向中間此穴不可用一偏又或穴星是硬局
避去直脊用橫堂坐橫畢竟橫開口四神交會非渺茫
或不用橫却用斜不棲枝幹棲椏槎斜開手口却明白
檢點城垣如合花是星如何穴得尾只因四面張山水
開口開手甚分明順流下者是其鬼俗師鬼上亂安墳

反笑仙人穴不美分明龍盡起星辰安放堂中四面勻
登之四顧無眞穴剛柔伸縮費推尋豈知脈從項下落
開口開手作掛城大星回座反關水有頂無頂非所論
踏遍星頭無可裁拋向平原手脚開渾無脈線惟借勢
或成差移端的來水聚天心用神到發福綿遠無疑猜
還有奇踪人不識棄山脫脈無踪跡臨田界水須逢泥
無中生有作胎息開口開手却相當遥山遠水盡歸降
於中作穴自停妥他無踪跡可商量還是高金象日月
喬木炬火相煇煌星尊氣足不任脚飛越坎壇成影光
仙人自有阮度法凡夫不解枉傍徨凡此九變是眞詮

單股雙股不必言惟有單提宜伸說開口開手有後先
或是本星先後出或是枝帳借一邊隔坪隔谷隔田地
湊成皆可無所嫌間溪隔河難借配斷是沙體非眞山
是龍單股最有力是沙無氣臂空懸眞提逆水提下手
順提無力何取焉或問平面是如何平面不與高山殊
平面臣與畫圖看城垣不多爭尺寸眠倒星辰豎起看
尖員平面總一般平面不在變體例別附平龍書卷間

乘金頂氣

金星固是員頂木雖身竦亦是員頂水穴依母亦是員
頂土必穴子亦是員頂火不作穴必穴水土仍是員頂

故郭氏雖借五行而言穴其法斷曰乘金
或問正體固是員頂若是側體沒骨凹腦奈何曰坐穴
觀之其頂亦員不然卧觀之必員不員不成頂氣

相水唇氈

凡穴不拘窩鉗乳突其下必有唇唇下仍有氈唇所以
合穴氣也氈所以合龍虎之氣也唇下是金魚水氈下
是祿儲水所云相水即相此唇氈之水不必溝水田水
池水始是水也乳突自滿仍要有唇若不出唇恐是絕
氣之所窩鉗中凹所謂水中眠水底卧若不出唇則眞
是水中眠水底卧已奚可穴哉乳突無唇即是孤乳孤

笑窩鉗無脣即是空窩空鉗脣所以成口也無脣非口何可言氣無氣何可言穴毡則子孫贍拜鋪展之處也脣之所容少毡之所容多無脣無穴無毡少丁凡作穴之所上有天輪影蓋下下有脣氣兜上穴將安逃毡另詳沙法中

或問脣曲是水莫須曲折否曰非也坐穴看脣有彎兜上故謂之曲非曲折之謂也脣以員兜爲正亦有五行員爲金脣曲爲水脣方爲土脣皆吉直爲木脣尖爲火脣皆帶煞氣須用剪裁

穴土

不拘何星當穴暈之中必有一片肉地不頗不傾可坐可卧和平中正乃是土也其一點靈光其靈在此葬乘生氣必乘乎此如論天心此是中心如論十道此是交會一名螺紋一名土宿一名勾陳一名螣蛇就暈論之其輪影至此收盡故曰螺紋就勢論之自後蓋來至此而止自前兜來至此而止自左右抱來至此而止止則宿矣人生於土死於土歸於土窀厚穸幽一眠萬世故曰土宿勾陳立土螣蛇眠土勾攔於前螣遶於後極極於中天也天心十道勢也勾陳螣蛇形也生氣氣也靈光意也螺紋有外有內即穴之眉暈心也土宿渾然一

片塊然一撮以色占也以意決也至矣盡矣

印木

卽正印龍虎兩肘也經云眞龍落處四獸聚大抵眞龍落頭卽以四砂爲証應否則焉知眞龍之所止乎

龍穴之外不論大小山岡一切用神皆名爲砂或曰貴龍賤砂猶自有說或曰但求一氣之眞勿以四山爲據此則非也不以四山爲據安知一氣之眞卽以人論心固貴矣無手足何以護心主人固貴矣無僕從何以成主人又如有人必藉居室有居室必有垣墻至於城郭或有或無不必甚拘然大官大貴無不

專城而居者故無砂不成穴無砂不成龍無砂不成堂無砂不成局今論砂之切者莫如龍虎龍虎者即天星之四垣也惟中垣建極二十八宿環繞於中其左七星曰青龍右七星曰白虎地家象之故號左手爲青龍右手爲白虎龍虎之義所由來也其砂難以言罄有龍虎雙抱而穴居中者有龍虎單提而穴向側者有龍虎近出自星頭者有龍虎遠出自後帳者有龍虎灣環廻抱而勻稱者有龍虎緊促而舒陽者有龍虎長拖而不住者又或有龍虎先後回轉者謂之遶抱或龍虎包裸重重者謂之交紐或龍虎生尖

峯者謂之乘仙或龍虎生官曜者謂之交牙或龍虎似帳而齊放者謂之開脖或龍虎似禽而飛舞者謂之展翅或龍虎邊雙邊單者謂之疊指或龍虎邊有邊無者謂之單提或龍虎一邊回轉作案者謂之仙弓仙弓單提均有左右之分凡此形象皆以開面成局者方可印木而乘金相水穴土也

暈穴

穴場既得乃求穴暈穴暈者乃於穴場中再加斟酌者也穴場大畧不離開口開手窩鉗乳突穴暈則大極一圈未有天地先有大極既有天地天亦一大極地亦一

大極所生萬物又各一大極故曰萬物一大極其統宗者也一物一大極其獨有者也大極中復涵大極至於地理自始至終所占之疆域所收之山水合成一圈此一大極也域中所開之城郭合成一圈此又一大極也堂中平坦又一大極也垣中有窩又一大極也窩中有堂又一大極也堂中有座又一大極也穴暈乃指堂中之圈而言也此爲歸根復命至精至密之所得此一圈以作墓壙納棺藏骨凱在其中故名穴暈日月在天其傍有暈暈無形而有影穴暈亦然乍看則有久看則無細看則有粗看則無迂腐人看之無明哲人看之有曰

穴暈既在有無之間一個影子可以意會否畢竟還似畧畧高些子還是畧畧低些子曰此俱未定須看陰陽地理以坦開爲陽收歛爲陰如在陽中求陰則是畧畧高些一個圈子如在陰中求陽則是畧畧低些一個圈子又問大極暈卽是窩鉗乳突否曰不是窩鉗乳突卽是窩鉗乳突此何說也曰窩大則窩中又求暈窩小卽窩卽暈突大突中又求暈突小卽突卽暈鉗乳皆長不問大小必求其暈窩是大陽突是大陰陰陽已老故能卽變鉗是少陽乳是少陰故須轉變暈氣微妙若隱若現若有若無必求其的須串脈乘氣詳下文

串脈

自大祖以至入穴節節有脈行龍之脈不過山脊牽連雖俗人亦知之至於入穴之脈雖老於此道者未必知也入穴之脈須論穿出穿山者非羅經所載辛亥己亥等名之穿山須憑眼力看他如何入首如何起頂如何穿過山頭如何穿到穴場如何穿出穴暈乃謂之眞穿山也

其法以入首一峽爲性命關正穿正出斜穿斜出曲穿迎出穿山脈高出暈亦高穿山脈低出暈亦低穿山脈恰中出暈亦恰中若穿山脈太高則從頂傾下氣口反

出脚下穿山脈大低則從下升上氣口反從頂出穿山渾渾氣即降隆而出穿山微微氣亦隱隱而出穿山脫脈氣必明出穿山脈陷氣必晦出

穿山取脈乃是到頭一着工夫到此地位工夫尤難造化多奇須以意會星頭既起不復論脈以脈既從星腹中穿出無復脊脈可尋也世俗每於星頭下更求脈不得肘即得曜乘煞安遷是自求禍亦有星頭太大或大闊或自作委蛇頓跌穿山之脈不復作準乃有星中索脈之法舊有十二秘脈其可見者草蛇灰線其不可見者則脈行凹中脈行平中脈行層暈脈行層階脈脈牵一

隅必經指授筆舌難明予亦畧言其意耳

乘氣

氣當脈外脈行氣中穿山論脈透地論氣透地非時師甲子丙子云云之透地乃眞氣充塞地中透出地面斯謂之透地也氣如蒸飯必有釜甑以爲範圍但要頓在甑中橫放直放皆能蒸熟只恐頓在甑外便屬枉然大極一圈生氣之範圍也安棺納骨在極暈中則生貴生賢發財發丁各如本龍力量若失之暈外一任耳受瞞受三分七分渾如捕風捉影又況懵不知龍盲不識局穴星穴暈未辿孔竅但執羅經左轉右轉曰某亥穿山

某亥透地當出科甲某峯某水當出狀元眞是連夢也
不曾作也
有外暈有內暈外暈憑以開壙內暈憑以納棺外暈爲影內暈爲形憑影得形得形忘影外暈內暈自然相套亦有差移安棺卧玉須憑內暈外暈一重內暈無數要知眞的正卧暈心高山石暈平岡土暈平洋沙暈石暈自粗至細開到中間必得似石非石之土土暈自粗至細開到中間必得至精至美之土沙暈自粗至細開到中間得土可矣難拘精矣
土亦不拘色色無定色曾見赤土之美有如朱沙者有

如桃花者有如武都紫泥者有如霞天彤雲者有如映水芙蓉者獨不喜猪血色豬血色是死土若更皴裂有水無疑

曾見黃土之美有如騰黃者有如雄黃者有如硫黃者有如蠟黃者有如雞蛋黃者有如嫩柳淡黃者獨小黃爲劣小黃者似黃非黃山無正氣土無正色細嫩猶可粗疏則非

曾見白土之美有的的如鉛粉者有嫩潤如豆粉者有鬆脆如燒膏粉者有帶花紋如切破天花粉者有堅如水晶者有細如礙石者獨不喜香灰色香灰色亦死土

無氣也

皆見青土之美有如翠羽者有如碧雞者有如檀香茶褐者獨不喜栗色栗色亦有死生其生者有花紋細潤木星結作多出此色不害其爲貴其死者色粗且黑又成皴裂斷非眞穴

五土四備不用黑土黑土水也五色相間出一穴中謂之五色土土亦不拘五色土亦不止五色曾見綠土曾見碧土曾見班鳩色土色本五也五色之變不可勝窮眞色亦如作坊隨其所染

眞土必有花紋有如梹榔紋者有如冰紋者有如旋螺

紋者有如人字紋者有如火焰紋者有如水浪紋者有眞如花朶如雲如錦者有反覆交紐如連環鎖子甲者此皆造化奇氣所結最貴之土也

滿山皆石暈中必土滿山皆土暈中必異滿山黃土暈中以五色土爲異滿山五色土暈中以純黃純白爲異暈土一色不雜名一片玉玉亦有紋人自未察耳但要暈眞不拘土色果龍眞局眞星眞暈眞內暈又眞五色土也好一色土也好即是黑土未嘗不好滿山不黑獨暈中土黑此造化作色迷人留待有德此外更有沙穴泥穴水穴此三奇也

滿山不沙穴中獨沙是爲氣眼穴
滿山不泥穴中獨泥是爲龍髓穴
滿山不水穴中有泉是爲龍泉穴
滿山堅土穴中獨弱是爲天脆穴
滿山不石當暈獨生一片大石是爲石占穴石大如棺方正亦如棺占此穴塲千秋萬禩以待有德發而穴之故名石占凡眞暈不生樹木有樹亦無深根挖去浮根暈必淨土亦有木占穴當暈心獨生大樹或被風發或爲人發恰穴其中此亦造化蔽藏以待福緣者也

吞吐

依稀有暈的而不的必辨吞吐乃得其的吞者縮進一步吐者放出一步此非三停法乃一暈中呼吸法也吞必仰面若玄武壁立斷不可吞吐必拓腮若輔車清削斷不可吐凡此吞吐只是稍稍規上拖下也若當眞吞入乃鑿開隨道納入腹中若當眞吐出乃棄去窩鉗近下口外此淫葬也必龍眞局眞所見又眞是爲仙踪不容僥倖

淺深

淺深者葬法收功一大着也淺深得乘風水自成失其淺深吉地葬凶術家以九星五星量淺深妄也某山某

向當深幾尺其說尤妄至於量界水測淺深只好口談動手便錯要之淺深有可以預定者有不可以預定者觀形察勢宜淺宜深此可預定者幾尺見眞幾尺住手此不可預定者蓋山之結穴亦如樹之結菓有外肉有內肉外肉如棗其味在膚內肉如栗其房有衣

裸虫外肉介虫內肉亦同此理今得龍得局得星得穴必審形勢形粗勢大皮厚肉肥此穴宜深若山小勢微皮嫩肉脆此穴宜淺此其大畧也可預知者也若求眞的鑿而後見有如大窩在深山密林之中自開闢以來草枯木爛水推沙壓幾世幾年至於今日其浮土之數

殆不可計用工開之浮沙浮石其外來者也不算淺深之數者也開去此等得見眞土方論尺寸

眞穴有範圍有葢有低範圍卽太極一圈也葢則眞土之粗者或是石葢底亦眞土之粗者也或是石底範圍葢底之中精粹之土恰好容棺此天造地設福德藏身之穴也有葢底而無範圍空山野土亦有數層不須稱快有範圍而無葢底深淺無度暈氣恐復不眞

去浮揭葢中間美土但要打到是處不須打至盡處若眞土有九尺何必打至九尺只打到四五尺度可容棺棺上更有眞土掩棺能隔客水斯止矣譬如蒸物只要

頓在甑中火氣自上何必到底榻箄土色淺者打下數尺見土變粗或土盡見石急下眞土三寸作底然後頓棺不得將棺直頓死底之上何也有餘不盡乃有涵蓄有涵蓄乃有福庇無涵蓄少福庇也葢上是浮土浮土有客水底下是死土死土有黃泉客水有法可消黃泉無法可避

若底淺易見眞土不足容棺穿可浮上外取好土好灰和勻堅築客水自消天露能消煞氣掩棺堅築一尺以上仍取浮土葢之浮土作塜以受天露以消新煞庶無灾暴若要砌石結頂須待三年之後此廖公法也

窩鉗浮土多天上所積也乳突浮土少天露所除也窩鉗上大下小乳突上小下大有範圍狹小不足容棺只堪容槨者亦天生自然不容勉強者也

一點靈光

眞穴所在其山必嫩其面必開其四勢必歸其風必藏其水必聚其窩鉗乳突必分明而有一點靈光何靈乎爾可以意會不可言傳山明水秀日麗風和天光發新别一世界雜沓中清淨清淨中繁華晤對之而眼開也坐卧之而心快也氣之所蓄精之所聚其靈發中其光四射上之不得下之不得左右之不得一搦之大一寸

之多如露如珠如隙中月如鏡中影弄之如可搏也捨之不能去也領取領取難言難言

一團生氣

葬乘生氣地書千經萬卷總不外此一語乘者如車載人如人乘車必在其中不容泛駕問生氣是何形狀曰認得時舉月便是不認得時更無可言沒奈何說個生氣樣子大約只是開面向祖有祖之生氣開面向前宗有宗之生氣開面向前龍有龍之生氣節節開面向前帳有帳之生氣節節開面向前至於臨局山山都有生氣個個都會開面看他面面是覷着那一邊則生氣聚於

那一邊惟中間一個主人儼然可畏藹然可親所以這些山頭都面面把他覷着左山也開面覷着右山也開面覷着前後重重莫不開面側耳而聽側目而視惟恐有失主人意旨山上有石石亦開向山盡有水水亦開面切近之沙蟬翼也開面牛角也開面切近之水蟹眼蝦鬚亦然中間一掬之地謂之一點靈光也可謂之一團生氣也可自他山瞻望惟此一山開面自穴山四顧則山山開面水水開面沙沙開面若目之所見氣之所接那有一山敢不向我或敢去我則我非眞主人不必言穴矣或問開面如何便是生氣土木菩薩到也開面

奈無生氣何曰善哉問切哉言開面乃所以現生氣開面又要認生氣大約生只是活龍活脈活沙活水活土面活土中活卽草木石塊無不活氣象意思活則一團生氣盎然在焉不然菩薩面還錯還錯

天心十道

穴暈正中謂之天心古人尋龍執杖自扶尋到龍成局會氣止水交堪作穴矣乃將杖尾指定堂氣朝案正中恰好之所放下之回身更看杖頭所指迎得龍氣不失主星則穴的矣若下合上不合又移步看之倒指星頭氣路再放一杖乃回身向下看之迎得堂氣否不失朝

案否若又上合下不合必是穴暈還假或併穴星不眞又當更作思議此名倒杖法合此乃是眞山眞水直坐眞向羅經可以不用既定後坐前朝更看兩邊夾耳若坐在朝在夾耳又在左右不差上下不差此爲天心安棺放玉亦正當靈光之中所謂眞龍正穴也從後達前此是一直從左達右此是一橫橫直之間一個十字絞子謂之天心十道此定穴要緊正法也

古人只用倒杖後人恐有差訛乃設立標法法於唇中立一標星頭立一標左右夾耳各立一標用繩牽之成個絞子更用準繩法較量十字端正無差或用羅經較

定絞子然後當橫直交處穩埋一標即天心一定之處矣中標既定上下看之左右看之天心不差則眞穴在矣此名蠡子法實端的法也其中標一名磨臍標度量濶狹繫繩規轉則穴壙以成

怪穴歌

人言怪穴我不怪怪穴畢竟穴法在若怪高穴面朝天飛龍自應高處扦若怪平洋無可憑請從紙上看圖形若怪水鄉踪跡斷過關渡峽隔水看若怪騎龍龍去長請看騎馬騎脊梁捉月水中還現月徑投水中眞怪說石巧得土方安遷徑投石中眞怪說泥穴不怪怪穴泥

葬後還乾方信之泉穴不怪怪穴泉葬後泉縮穴爭傳
怪穴葬沙怪何有土中出沙是氣口脫穴怪他不接勢
影穴怪他不接氣穴法局法却分明脈藏脈隱非怪異
漏道是怪不是怪放水留氣有法在抽氣是怪不是怪
堆土還合氣入袋借土非怪怪請客客與主人須合魄
培土堆土有是非是人傷敗可栽培傷敗還須論輕重
傷垂龍死枉教埋畢竟堆墳是外形龍穴如何作得成
塗飾可遮庸俗眼照妖仙眼不饒人人言是怪我言常
但見生氣與靈光不見靈光亂好怪人親試乃本心亡

騎龍歌訣

惟有騎龍眞似怪誰信脊梁有穴在氣不曾止水不交
當背作穴眞亡賴此有妙理君未通看來穴法一般仝
當脊開窩成暈氣一點靈光現正中來山遠水皆奔來
去山遠近皆收回四神團聚成金斗更不作穴將安走
水分八字不用疑兩堂兼食好東西順騎倒騎因穴在
橫騎斜騎各隨宜十個騎龍九個假只因亂向背脊下
十個騎龍一個眞催富催貴還催丁

石穴論

石穴非怪也山鄉固多平鄉水鄉亦間有之未可曰有
石無穴亦未可曰穴在石在但看脈氣暈氣如何耳果

龍眞穴的所謂止於石不得不葬於石也雖上有白石鑿下自然有土亦不必純土凡石穴有精黃土反是蟻窩水坑但要似石非石之土掘一層嫩一層是眞穴也故曰掘得動築得碎得水成泥入口有味石穴有此乃爲生氣葬之必貴若看之是石鑿之是石手撚之是石口嘗之是石搥之不碎碎之不細便是殺氣葬之即敗況鋤不可施鑿不能入而曰石巧乎哉曾聞混沌石天生石暈混無縫裂攢棺其上大作土堆又聞石占穴掀去大石正好安棺理或有之未嘗見也

泥沙穴論

泥穴沙穴亦非怪也龍法穴法俱在於斯所謂止於泥不得不葬於泥止於沙不得不葬於沙也泥亦有天有人天則生成活泥膠粘五色雨不加沮旱不成圻或因小人無知當穴發掘挑塘燒窑水無去處乃成泥滓凡此亦無大害若是泥好正葬泥中五年之後運氣入骨氣與山合自然泥乾變成美土即發福矣若是污泥掘去污泥借土培葬發福亦同若後高前低須作漏道則心安而理順矣

隨宜安葬

眞龍大幹不能多世上人多怎奈何此中有個權宜法

因方乘勢用磋磨一鈎一搭喜遷就零頭缺尺看騰挪
荒村野渡不忍署殘山剩水俱蒐羅但有生意可延丁
若有旺氣財便興但有秀氣出秀士貴氣還須出貴人
然而大小要成穴不成穴處枉教掘穴成仍看可得水
不得水處窮如鬼借問如何穴便成穴塲穴暈總分明
蒼蠅蚊子最小物眼耳口鼻隨宜生須知一物一太極
如無極暈不須針可見之砂必衛我眼前反背定不可
可見之水要上堂水不上堂空渺茫木星隨處尋枝節
萌芽出眼皆可穴金星隨處尋窩靨挨金取水穴可點
水性傾欹論剪裁有波有折善施為土星開口藏風處

隨宜還福標祭主北邙山上列多塋萬古千秋墳上墳
發時鬱葱有羅列敗時湮沒還崩傾凡此只須論旺氣
來路去踪那跟尋附城寸土如寸金十家卜葬五家興
一朝城遷墳亦廢世間旺氣還從人人聚氣聚大家旺
人去氣敗地無靈火龍隨身多帶結使坐行龍將脊貼
構土橫金借大龍巨富顯貴常發越若出兩節三節龍
有峽有局更英雄亦有坑碎破掘山中間片地渾然堅
獨有一家葬下發亂中取靜好因緣大塊氣聚合形勢
發富發貴還生賢散中取聚局要緊一沙一水還平穩
串龍束氣一節眞偏令財旺生官品塡缺飛花不是龍

得水扦之可救貧塡缺代人渡凹風自隈自煖還有功
脊氣盡處開八字得穴可延五六世城頭帳上成窩乳
常爲人家開族祖只恐人強財不強還覓張山食水處
張山食水局斯在半眞半假成還壞且趁經商且發財
急覓眞龍救暴敗救貧還須要救丁有根有氣豈長貧
只管目前暫時發人無遠慮不成人水窮山盡亂堆沙
坐沙得局發大家水鄉挑土築成隄靠隄還有脈穿泥
亂葬纍纍千萬塚於中忽有一家興及到興時周圍看
局成脈到不欺人牛泓滿瀨臭泥漿無奈人家葬了娘
後來發積成大族審龍觀勢却相當窩中勢聚堆土葬

脫龍就局常興旺坦中稍稍有起意作起金堆便聚氣
眞誠有脈入水中堆土攢棺加土封眞誠有脈止於石
累土作成青塚式惟有裀水不可用不過兩代連本送
更有眞殺不可當鼠尾搶頭無下塲切戒硬眞不可鑿
頑金死土立時禍但是反背不須裁陰山殺水絕根荄
明明穴後鬼拖撑安骨鬼中少兒孫明明手抱曜外飛
曜上安墳亦式微明明塞口小羅星強勉安墳終絕人
有星環抱金剛肚穴飽當代人孤苦有星有山若無唇
兩代宗祀即無承有穴有局遠沙護無穴如何綿世祚
穴遇裸頭水潑面財丁縱有婦女賤安穴変牙火嘴上

乏嗣貧寒怨上蒼穴遇離鄉反背沙子孫飄蕩不還家
沙反順飛無外局離鄉敗絕無生育尋常即不求大地
承先原是分內事語君下穴先避凶致人敗絕損陰功
堪笑時師目不明枉執羅經滿山尋神仙眼力聖賢心
自揣身中有幾分不遇仁人與孝子青囊收拾覓知音